ERNST HARDY HARTMANN

Senf dazu

Juli 2000
Herstellung: Libri Books on Demand
Printed in Germany ISBN 3-8311-0238-4

Der Autor

Ernst Hardy Hartmann wurde am 22. März 1941 in Frankfurt am Main geboren. Seine Liebe zum Schreiben hat er schon sehr früh entdeckt, aber erst in den letzten Jahren ist er so richtig aktiv geworden. Meist angeregt durch Mißstände in Politik und Umwelt gibt er seinen „Senf dazu", was sich in seinen satirischen, kritischen und sarkastischen Gedichten und Texten niederschlägt. Aber auch gefühlvolles über die Liebe und den Tod findet sich in seinem Werk.

Libri Books on Demand

Dieses Buch ist als „Book on Demand" über die neue Digitaldrucktechnologie hergestellt worden und über den klassischen Buchhandel und Internet-Buchhandlungen zu beziehen.

Für sein innovatives Technologiekonzept „Libri Books on Demand" erhielt der Hamburger Buchgrossist Libri, der dieses Buch gedruckt hat, den Smithsonian Award 1999 in der Kategorie „Manufactoring".

Weil Books on Demand elektronisch gespeichert und erst auf Bestellung gedruckt werden, sind sie nie vergriffen.

Inhalt

Menschen

	Seite
3004	10
Amok	11
Arbeitslos	12
Armer Poet	13
Auf den Mond	14
Azubi	15
Benehmen	16
Bestien	17
Dame von Welt	18
Das Raumschiff	18
Der alte Mann	19
Der Extrem Web-Surfer	20
Der Fehler	21
Der Komet	22
Der Mai und die Liebe in freier Natur	23
Die alte Hure	24
Die Ballade der Laura Thomas	25
Die Frau, die keinen Alkohol vertrug	26
Die Karriereleiter	26
Die Lunte	27
Die zehn Gebote	27
Fee	28
Fixer	29
Fixer-Karriere	30
Floh auf Wohnungssuche	31
Freude	32
Friedenstaube	33
Frühling	34
Geld	35
Gevatter Hein, mein Freund	36
Gewissen	37
Glatze	38
Hilfsbereit	39
Himmel und Hölle	40
Hölle	41
Ich tat, was ich konnt' für Maria	42
Intrige	43
Johannes Paul II	44
Karneval	45
Kiosk	46

(weiter) **Menschen** Seite

Klapperstorch	47
Kleidung	48
Kosenamen	49
Krank	49
Kreml-Flieger	50
Krieg	51
Kummer	52
Kunst	53
Leere Seelen	54
Lemminge	54
Liebe	55
Los	55
Lottogewinn	56
Macho	56
Mißgeschick	57
Monsterkinder	58
Papa ist krank	59
Pflichten	59
Pubertät	60
Schönheit	61
Schrott	62
Sex-Tourist	62
So ein Tag	63
Spielteufel	65
Spott	66
Staranwalt	67
Stille Nacht	68
Tobias	69
Tod eines Rennfahrers	70
Urlaub	71
Vergeßlichkeit	72
Volksmusik	73
Weihnachten	74
Weltall	74
Wichtig	75
Wissen	76
Zeit	77
Zeitmaschine	78
Zirkus	79
Zorn	80

Über die Liebe und den Tod

Seite

Die liebe Heidi und der böse Krebs (22.09.1999)   82
Komm zurück (26.01.2000)   83
Das Ende (12.02.2000)   84
Du bist mir nah (01.03.2000)   85
Bitterkeit (07.03.2000)   85
Am Grab (08.03.2000)   86
Eternity (13.03.2000)   87
Nicht allein (14.03.2000)   87
Bilder (15.03.2000)   88
Ein Gespräch (15.03.2000)   88
Bilder (2) (18.03.2000)   89
Seele (18.03.2000)   89
Die Sonne ist tot (21.03.2000)   90
Hochzeitstag (23.03.2000)   91
Wo ist deine Seele? (01.04.2000)   91
Das Totenschiff (08.04.2000)   92
Lieder (11.04.2000)   93
Der Sessel (12.04.2000)   94

Abschied   95
Wozu ? (29.04.2000)   96
114 Tage   96

Politik und Bürokratie

	Seite
Bananenrepublik	98
Beschissen	100
Blut	101
Bürokratie	102
Die Renten sind sicher	103
Die Spreu	104
Diener	105
Dreckige Hände	106
Fürsorge	107
Komplizen	108
Kosovo	109
Leben ist, wenn man trotzdem lacht	110
Leere Kassen	111
Nach den Opfern fragt man nicht	112
Oben	114
Parteispende - na und?	114
Recht	115
Rechte Richter	116
Sparen	117
Stasi	118
Steuern und kein Ende	119
Stümper	120
Todesstrafe	121
U-Bahn und Staatskarosse	122
Ultra-extrem	123
Vom Regen in die Traufe	124
Vorbilder	125
Wohnungsnot	126

Umwelt und Natur

Seite

Atom-Müll   128
Auto   129
Das Öl ist alle   131
Der Beweis   132
Der Hof   133
Der Jüngste Tag   134
Eiszeit   135
Garten Eden   136
Gen   137
Herbst   138
Insekten   139
Katastrophe   140
Manta-Willi   141
Mein Freund, der Baum   142
Morgenrot   143
Natur 2020   144
Regen   145
Ruhe auf Erden   146
Samstag Nacht   147
Ufo   148
Werbung   149
Wetter   151
Winter   152
Zugvögel   153
Zukunft   154
Zurück zur Natur   155

Tierisch

Seite

Aus dem Tierreich	158
Camel	159
Der alte Hirsch	160
Der Schwan	161
Die Fliege	162
Fische	163
Höhenflug	163
Sex-Probleme	164
Überleben	164

Limericks

165

„Weisheiten"

169

„Märchen"

Die Gigos	176
Oma Basulke	178
Schnallt den Gürtel enger	179

Menschen

3004

Man schreibt das Jahr dreitausendvier,
Frieden ist auf Erden hier,
es war vor siebenhundert Jahren,
als hier die letzten Menschen waren.

Einst waren sie die Herrn der Welt,
hatten sich Gott gleichgestellt,
mit Größenwahnsinn abgehoben,
in ihrem schlimmen Drang nach oben.

Verblendung, Raffgier, Ignoranz
beendete den irren Tanz
um's gold'ne Kalb von Geld und Macht,
sie haben sich selbst umgebracht.

Heute gibt es nur noch Knochen,
die letzten fand man vor drei Wochen,
von Insekten ausgegraben,
die weltweit nun das Sagen haben.

Sinnvoll und mit Sachverstand
verwalten die heut' jedes Land.
Im Gleichgewicht ist die Natur,
so geht es ohne Menschen - nur.

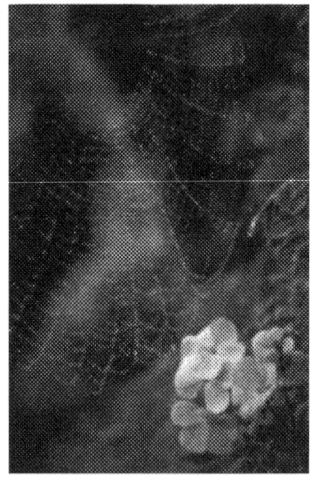

Amok

Mama hat ihn nicht gekost,
Papa hat ihn nur verhau'n,
darüber war er sehr erbost,
verlor das ganze Selbstvertrau'n.
Verstockt, verklemmt und ausgestoßen,
keine Freunde, Kameraden,
träumt er von dem Coup, dem großen,
wird mit Aggression geladen,
und in seinem schwachen Kopf,
in dem nur Wirres ist und Grausen,
öffnet er nur einen Knopf,
und das Gestaute fließt nach außen,
tobt sich aus in Raserei,
in einem Meer von Tod und Blut.
Nur der Teufel lacht dabei
über Amokläufers Wut,
der für wenige Minuten
Machtgefühle hat genossen,
ist nun selber am Verbluten,
hat zum Schluß sich selbst erschossen.

Solch dunkle Mächte auf der Welt,
reifen nur in kranker Erde,
und wer den Acker hat bestellt,
zur Rechenschaft gezogen werde.

Arbeitslos

Kalle Groß ist arbeitslos,
tief im Hals, da steckt ein Kloß,
fast ein halbes Leben
hat er dem Betrieb gegeben,
selten krank und stets bereit,
einsatzfreudig und gescheit,
stets loyal und sehr bescheiden,
alle konnten ihn gut leiden.
Das alles hat ihm nichts genützt,
weil er nun auf der Straße sitzt.
Man hat die jüngeren behalten,
"freigestellt" erst 'mal die Alten.
Ob der Betrieb daran gesundet,
die Bank die Schulden weiter stundet,
Zweifel sind da angesagt.
An Kalle Groß Enttäuschung nagt,
Bitterkeit und großer Frust
nehmen ihm die Lebenslust,
springt am Bahnhof vor den Zug,
der ihn sonst zur Arbeit trug.

Armer Poet

Ich mache Gedichte, wenn mich 'was berührt,
wenn die Muse der Dichtkunst mich dazu verführt.
Mein Innerstes Ich geb' ich dann preis,
was absolut niemand sonst von mir weiß.
Doch niemand will's wissen, ist das nicht gemein,
für meine Gedichte int'ressiert sich kein Schwein.
Dabei hab' ich einiges vielen zu sagen,
besonders auch solchen, die Verantwortung tragen,
wünsche für alle eine bessere Welt,
dafür die Muse mich küßt und erhellt.
Nun bleibt es im dunkelen Kämmerlein,
Staub und Dreck wird der Einband bald sein.
Vielleicht wird es später einmal ein Knüller,
wie heut' die Gedichte von Goethe und Schiller.

Auf den Mond

Man wußte schon vor dreißig Jahren,
wie man auf den Mond kann fahren,
wie man Menschen dorthin bringt,
mit Raketen das gelingt.

Was mich zunächst hat sehr verdutzt:
Man hat dies Können nie genutzt,
man konnt' sich nicht dazu entschließen,
so manchen Menschen hoch zu schießen.

Natürlich ohne Rückfahrschein,
sollte diese Reise sein.
Ein bißchen Sauerstoff vielleicht,
der für ein paar Tage reicht.

Schließlich soll'n sie noch erfassen,
was sie da zurückgelassen:
Eine Welt, die ohne sie
so gut funktioniert wie nie.

Ich kenne eine Menge Leute,
die ich am liebsten gleich schon heute,
schießen würde auf den Mond,
dafür jeder Aufwand lohnt.

Und wenn sie unter sich dann oben,
keifen, spucken, treten, toben,
hätten wir hier unten dann
ein schön'res Leben irgendwann.

Doch fürchte ich, es hat kein' Zweck,
so kriegen wir nicht alle weg.
So viel' Raketen gibt es nicht,
eine Lösung ist in Sicht:

Man muß die Technik nur erweitern,
vielleicht gelingt's mit Großraumgleitern,
die zwei mal täglich dann verkehren,
sich auf dem Erdtrabant' entleeren.

Azubi

Zum Azubi sprach der Meister:
"Hol' im Lager 'mal den Kleister!"
Doch der Azubi lachte nur,
blieb auch nach Ermahnung stur,
nannte Sprüche von Gerichten,
war vertraut mit seinen Pflichten.
Alsdann zitierte lauthals er
seine Rechte hin und her,
bis der Meister leise grollte
und den Kleister selber holte.
Als die Lehrzeit war vorbei,
war der Lehrling wieder frei,
frei von Arbeit und Verdienst.
Der Meister hat nur kurz gegrinst
und sprach zu dem Azubi:
"Auch ich kenn' meine Rechte, Bubi,
versuch's doch 'mal am Arbeitsamt,
dort wirst du nämlich bald bekannt!"

Benehmen

Was früher einmal Grundausstattung
gut erzog'ner Menschengattung,
wird heute kaum mehr praktiziert,
Unflat jetzt die Welt regiert.

Wo man geht und steht
wird man angegähnt,
bis zum Ausgang kann man gucken,
sieht das Zäpfchen munter zucken.

Nasenbohrer (bis zum Anschlag)
sieht man heute jeden Tag,
unter Zeugen, das ist dreist,
wird die Beute dann verspeist.

Unterarm quer vor dem Teller,
ja, so geht das Fressen schneller,
schaufeln sich die Suppe rein,
schmatzen, schlürfen wie ein Schwein.

So manche rustikalen Esser
benutzen Gabel oder Messer,
um auf and're hinzuweisen,
so auf ihre Art entgleisen.

Füße werden ungeniert
auf Stuhl und Bank und Tisch platziert,
und diese rücksichtslos Bequemen,
sich deswegen nicht 'mal schämen.

Wo früher freundlich wurd' gegrüßt,
man heute diesen Gruß vermißt.
Abweisend, kalt und stumm,
geht der Blick um dich herum.

Die Kinder lernen es nicht mehr,
wenn's den Alten schon fällt schwer,
verloren geht ein Stück Kultur,
zurück zur tierischen Natur.

Bestien

Der Tag erwacht zu neuem Leben,
alle jetzt zur Arbeit streben,
in der riesengroßen Stadt.
Niemand eine Ahnung hat,
so unglaublich ist die Tat,
Menschen allerschlimmster Sorte,
sie zu beschreiben fehlen Worte,
legten Gift in U-Bahn-Züge,
sprengten jegliches Gefüge
in der Zwischenmenschlichkeit,
Angst, Entsetzen macht sich breit.
Tödlich lähmt das Gift die Lungen,
Hilfeschreie schnell verklungen,
tausende dem Tode nah.
Viele sterben grausam da,
wo sie eben noch gelacht,
unterhalten, nachgedacht,
und die dichten Menschenmassen
viele nicht entkommen lassen.
Die, die dieses angerichtet,
sind vorerst einmal geflüchtet,
doch man wird sie fassen bald,
und dann macht die Bestien kalt,
zerlegt sie langsam, scheibchenweise,
zur Warnung an die Terror-Kreise,
die in Zukunft sich nicht schämen,
die Greueltat zum Vorbild nehmen.

Dame von Welt

Eleganz,
Firlefanz,
hohe Hacken,
Rouge auf Backen,
knallroter Mund,
winziger Hund,
Haare toupiert,
Ausdruck blasiert,
Kluncker in Massen,
liften gelassen,
immer todschick,
Schlafzimmerblick,
in der Szene bekannt,
mit Herren - galant,
immer im Trend,
Gönner sie kennt,
die das Ansehen heben,
kommt gut durch's Leben.

Das Raumschiff

Vor langer Zeit, als die Erde noch leer,
kam ein Raumschiff von fernem Planeten hier her.
Technik-Probleme und zu viel Ballast,
die Landung wurd' zum Desaster fast.
Bei Messungen hat sich dann 'rausgestellt,
die Luft war genau wie in ihrer Welt.
Die Weisen an Bord beschlossen alsdann,
alle Kranken, egal ob Frau oder Mann,
geistig gestörte von allen Rassen,
auf dieser Erde zurück zu lassen.
Der Ballast war verringert, man kam wieder weg,
ein elendes Häuflein blieb zurück hier im Dreck.
Was aus denen geworden, erleben wir heute.
Nur aus großer Entfernung die Raumschiff-Leute,
beobachten manchmal voll Entsetzen und Graus,
und setzten fortan niemals mehr einen aus.

Der alte Mann

Nur langsam setzt er Fuß vor Fuß,
erwidert müde jeden Gruß,
zur Bank im Park lenkt er die Schritte,
zum Weiher in des Parkes Mitte.
Kinder spielen in der Nähe,
und - als ob er's wirklich sähe -
er als kleiner Bub dazwischen,
Traum und Wirklichkeit verwischen.
Oh glücksel'ge Jugendzeit,
unbeschwert und stets bereit,
was hat er alles angestellt,
offen war die ganze Welt.
Dann kam der Krieg, der Spaß vorbei,
fast noch ein Kind, in der Slowakei,
in vorderster Front das Sterben gesehen,
die Seele kaputt, die Gedanken verwehen.
Immer noch spielen die Kinder und toben,
da sieht er sich wieder am Watzmann hoch droben,
mit Frau und mit Kind und mit Ski und mit Schlitten,
als die Lawine ihr Leben zerschnitten.
Frau und Kind tot, ihn hat man gefunden,
den Schock hat er nie mehr so richtig verwunden.
Der Schmerz ging vorbei, die Erinnerung bleibt,
ihn häufig in Depressionen treibt.
Immer noch spielen die Kinder und lachen,
er ist sich nicht sicher, was soll er nur machen?
Morgen bringen sie ihn in ein Heim,
soll das sein Lebensabend sein?
Die Kinder sind weg, die Sonne geht unter,
er geht jetzt ganz langsam zum Weiher hinunter,
erreicht nun das Ufer, doch bleibt er nicht steh'n,
Erinnerung bleibt, die Schmerzen vergeh'n.

Der Extrem-Websurfer

Früher sagte man kokett:
Am schönsten ist es doch im Bett.
Heute gibt's das Internet
von morgens früh bis abends spät.

Liebe, Freundschaft, virtuell,
ist im Netz ganz aktuell,
und so herrlich funktionell,
fast schon intellektuell.

Kommt der GAU einmal daher,
deine CPU liegt quer,
guckst du hin und guckst du her,
doch dein Doppelbett ist leer.

Hast du länger diesen GAU,
wird's mit Liebe aber mau,
und die Nächte werden grau,
denn real fehlt dir die Frau.

Der Fehler

Als Gott die Welt erschaffen hat,
er Wundervolles hat vollbracht.
Flora, Fauna, Tag und Nacht,
hat er mit Verstand gemacht,
auf daß das Leben auf der Erde,
paradiesisch, friedlich werde.
Nachdem dies alles wohlgetan,
fing leider er zu schludern an,
die Menschen sind ihm arg mißraten,
er warf sie raus aus seinem Garten.
Ein Fehler löst den nächsten aus,
er wendete sich ab, voll Graus,
und ließ es zu, daß sie gebären,
sich massenweis' auch noch vermehren.
Wie vom Krebs die Metastasen,
diese Mißgeburten aasen,
im wahrsten Sinn von Gott verlassen,
zerstören, quälen, töten, hassen.

Der Komet

Er kam aus den Tiefen vom All,
war dreimal so schnell wie der Schall,
doppelt so groß wie die Erde,
Vernichtung war sein Gefährte.

Computer rechneten auf die Sekunde,
wann der Komet schlägt der Erde die Wunde,
die Menschheit in verzweifelter Lage,
sie hatte nur noch drei Tage.

Panik brach aus auf der ganzen Welt,
es half kein Gebet und es half auch kein Geld,
vor Angst sich so mancher selber entseelte,
vor Grauen lieber den Freitod wählte.

Andere tobten sich richtig aus,
zogen brandschatzend von Haus zu Haus,
vergewaltigten wahllos Frau, Kind und Mann,
und niemand hinderte sie daran.

Alles, was Menschenhand jemals erschafft,
war endgültig nun gesetzt außer Kraft,
die Hölle kam auf die Erde empor,
die Teufel sangen in schaurigem Chor.

Erlösung kam erst am dritten Tag,
als die Erde erschüttert ein mächtiger Schlag,
der Erdball zerbrach in wenigen Stunden,
im Weltall hat man nur Staub noch gefunden.

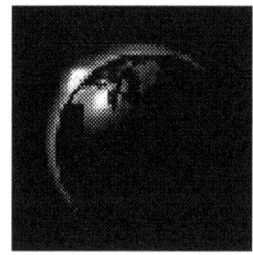

Der Mai und die Liebe in freier Natur

Der Mai ist gekommen,
seine Gattin kurz zuvor,
den Höhepunkt erklommen,
gleich hinter'm Gartentor,
zwischen Blumen und Gemüse,
unter strahlend' Sonnenschein,
oh, wilde Liebe, süße,
so müßt' es immer sein.
So nahe der Natur verbunden,
frische Luft und Pflanzenwelt,
und die Seele kann gesunden,
der Herzschlag wild nach oben schnellt.

Der Beifall für den Liebesakt
von des Zaunes and'rer Seite,
das Pärchen mit Entsetzen packt,
sie suchen schnell das Weite.

Es kann der Allerbravste nicht
in Ruh' der Liebe frönen,
wenn der Ton den Zaun durchbricht,
das Hecheln und das Stöhnen.

Die alte Hure

Träge lehnt die Frau am Tresen,
sie war wohl einmal schön gewesen,
seit jungen Jahren saufen, huren,
das Leben kerbte seine Spuren.
Die grelle Schminke schafft es nicht,
auch das gedämpfte Rotlicht nicht,
die Jugend ihr zurückzugeben,
verspielt, verloren, dieses Leben.
Da hilft auch nicht das kesse Klimpern
mit den angeklebten Wimpern,
die Augen blicken glanzlos, matt,
der schöne Mund schon Runzeln hat.
Der Rock zu kurz und viel zu billig,
der Ausschnitt tief, sie ist ja willig,
doch selten nur, für wenig Geld,
ein Freier in ihr Lager fällt,
meist dreckig und betrunken,
wie tief ist sie gesunken.
Ein Typ mit Rolex, gold'ner Kette,
vorgefahr'n mit 'ner Corvette,
betritt die kleine, miese Bar.
Die Frau streicht hektisch über's Haar,
versucht zu lächeln, zu gewinnen,
der Loddel ist nicht umzustimmen.
Ein kurzer Streit, es geht um Geld,
was sie ihm scheinbar vorenthält,
brutal schlägt er ihr in's Gesicht,
das dicke Make-up wird verwischt
vom Schlag, von Tränen und von Blut.
Nicht zu bremsen in der Wut,
schlägt der Typ noch einmal zu,
nun hat die Hure ewig Ruh'.
Ihr Kopf traf hart des Tresens Ecke,
der Schädel brach wie dünnes Knäcke.
Jetzt hat auch sie einmal gewonnen,
ihr Erdenleben zwar zerronnen,
im Himmel kann sie, jung und schön,
als Engel sich im Spiegel seh'n.

Die Ballade der Laura Thomas

Die kleine Stadt erwacht zum Leben,
die Menschen auf die Arbeit streben,
auch Laura Thomas früh erwacht,
die Luft ist rein, die Sonne lacht.
Ihr neuer Freund, die große Liebe
- ach, wenn es ewig nur so bliebe -
füllt ihr ganzes Denken aus,
frohen Herzens, strebt hinaus,
wird den Liebsten schon bald sehen,
beide noch zur Schule gehen.
Durch die Felder, durch die Wiesen
- bunte Sommerblumen sprießen -
mit dem Fahrrad sie geschwind,
eilt zum Zentrum wie der Wind.
Eine Straße kommt ihr quer,
und dort brandet der Verkehr,
Laura hört und sieht ihn nicht,
in ihrem Kopf der Schatz nur spricht:
"Ich liebe dich für alle Zeiten,
werd' durch's Leben dich begleiten."
Vor Glück und Sehnsucht völlig blind,
sie kreuzt die Straße jetzt geschwind,
erreicht die and're Seite nicht.
Das Glück steht ihr noch im Gesicht,
als sie tot darniederliegt
und die Seel' gen Himmel fliegt.
Der Tod, der Laura umgebracht,
unsterblich ihre Liebe macht.

Die Frau, die keinen Alkohol vertrug

Sekt genippt,

ausgeflippt,

Po gewippt,

nackt gestrippt,

'rum gehippt,

umgekippt.

Die Karriereleiter

Steile Karriere-Stufen,
dazu war er wohl berufen,
erfolgreich diese Leiter
zu steigen immer weiter.
Die erste Stufe nicht allein,
dazu war er noch zu klein,
sein Vater griff ihm unter'n Arm,
da saß er schon 'mal sicher, warm.
Die nächsten Stufen, mit Bedacht,
die hat er dann mit links gemacht,
mit kleineren Intrigen
ließ er Konkurrenten fliegen.
Sein ganzes Streben galt der Macht,
so schafft er es mit Niedertracht,
die höchste Stufe zu erreichen,
er ging dabei auch über Leichen.
Da wurde es ihm plötzlich heiß,
alles hat halt seinen Preis,
sein Herz verweigerte das Schlagen.
Man hat ihn jetzt hinausgetragen,
niemand hat so recht getrauert,
so mancher hat auch schon gelauert,
auf den hoch dotierten Posten,
notfalls soll's ein Leben kosten.

Die Lunte

Es ist passiert am hellen Tage,
ein Wahnsinn war es, ohne Frage,
ein kleiner Streit von Mann zu Mann,
zur Katastrophe kam es dann.
Der junge stach den alten tot,
mit einem Schwert, das Blut quoll rot,
mit der scharfen Klinge dann,
köpfte er den armen Mann,
und mit dem Kopf auf Schwertes Spitze,
rannt' er durch des Dorfes Mitte.
Blankes Entsetzen macht' sich breit,
schiere Fassungslosigkeit.

Durchsucht einmal des Mörders Haus
und holt den ganzen Mist dort raus,
den Horror, digitalisiert,
dann wißt ihr, wie so was passiert.
In schwache Köpfe reingezogen,
wird die Menschlichkeit verbogen,
eine Lunte wird gezündet,
die in Blut und Chaos mündet.

Die zehn Gebote

Als Gott die zehn Gebote schrieb,
hat er eigentlich gedacht,
daß er damit auf einen Hieb,
für alles ein Gesetz gemacht.

Was er dabei jedoch verkannte,
war der Menschen Idiotie,
und bevor er sich besannte,
brach sie aus, die Rechts-Phobie.

Bis heute ist das eskaliert
mit tausenden Gesetzen,
jeder Furz reglementiert,
mit Fallen und mit Netzen.

Die Fee

Im Traum erschien mir eine Fee,
fragte mich, ob ich sie seh'.
Ich sagte ja, was willst du hier ?
Einen Wunsch erfüll' ich dir !
Ich brauchte nicht lang nachzudenken,
mein Gehirn nicht zu verrenken,
kein Problem für Himmelsmacht,
ich hab' sofort daran gedacht:
Jeder, der 'ne Bombe hat,
zum gemeinen Attentat,
dem soll sein Plan mißglücken.
Die eig'ne Bombe soll, voll Tücken,
zerreißen ihn in tausend Teile,
den Menschen und der Welt zum Heile.
Die Fee flog weg und auch mein Traum,
verschwunden wohl in Zeit und Raum,
die Wunsch-Erfüllung trat nicht ein,
die Fee war sicher noch zu klein.

Fixer

Braucht' hundert Mark,
erstach meine Oma,
fühl' mich jetzt stark,
so halb noch im Koma.
Bin etwas blaß
und etwas dünn,
die Hose ist naß,
ich bin in der "scene".
Arbeit ist Scheiße,
ich hol' lieber Stütze,
nach Holland ich reise,
den Stoff in der Mütze.
Wühl' lieber im Dreck
und brech' auch 'mal ein,
nehm' andern 'was weg,
brauch Drogen, muß sein.
Der Opa, der lebt noch,
hat noch'n paar Mark,
gib sie schon her doch,
sonst kauf' dir 'nen Sarg.

Man hat mich gefunden
am vierzehnten Mai,
ich hab' mich gewunden
bis alles vorbei.
Der goldene Schuß,
der machte mich selig,
in die Hölle ich muß
und brennen für ewig.

Fixer-Karriere

Vater säuft, Mutter hurt,
keine Chance - seit Geburt.
Schule Scheiße - abgebrochen,
zum ersten mal an Leim gerochen.
Das macht zwar blöder,
Hirn wird öder,
aber dann
fängt's Haschen an.
Bringt 'ne Weile
Gefühle, geile,
doch hinterher
's reicht nicht mehr.
Umstieg nun
auf Morphium,
Körper bedroht,
Hirn ist schon tot.
Heroin kommt in's Spiel
mit dem einzigen Ziel,
den letzten Rest Leben
nun auch aufzugeben.
So liegen die Leichen
wie mahnende Zeichen
in Bahnhofstoiletten,
sie sind nicht zu retten.
Mit dem goldenen Schuß
ist endgültig Schluß,
das Ende im Dreck, in Urin und Gestank,
die übrige Menschheit zollt herzlichen Dank.

Floh auf Wohnungssuche

Fragt die Laus den Floh:
so sag' mir doch nur, wo
hast du die letzte Zeit verbracht,
die dich so glücklich hat gemacht?
Ich war auf einem Drogenspritzer,
einem Nur-im Dreck-rum-Sitzer,
Unterbringung ideal,
alter Schweiß, fast überall,
dicke Dreckschicht, recht zum Wühlen,
konnte nie mich besser fühlen.
Die Verpflegung war 'ne Wucht,
durch des Typen Drogensucht
war ich nach jeder Mahlzeit high,
fühlte mich beseelt und frei.
Die Laus fragt nun, vom Neid getrieben:
warum bist du nicht dort geblieben?
Traurig antwortet der Floh:
nun, das Leben ist halt so,
passiert ist es am vierten Tag,
als das Hotel zusammenbrach,
der Lebenssaft abrupt versiegte,
keine Mahlzeit ich mehr kriegte.
Nach 'was neuem ich jetzt schau',
vielleicht find' ich 'ne Fixer-Frau,
die sollen deutlich zäher sein
und gehen etwas später ein.

Freude

Was ein Tänzer vom Ballett
gerne in der Hose hätt',
ersetzt er durch 'ne Hasenpfote,
doch damit Ungemach ihm drohte.
Beim Pas de deux und neckisch hüpfen,
die Pfote tat nach unten schlüpfen,
die Erektion, so schön wie nie,
zierte nun des Tänzers Knie.
Mit schnellem Griff die Partnerin,
schiebt das Ding dort wieder hin,
wo's den Tänzer vorher zierte,
obwohl sie's doch etwas genierte.
Das Publikum sich krümmt vor Lachen.
Manchmal sind's die kleine Sachen,
die den Menschen Freude machen.

Friedenstaube

Nach hundertneunzehn Friedensverträgen,
die alle wurden gebrochen,
war die Welt-Polizei ganz verlegen,
und hat mit der Taube gesprochen.
Das Tier, am Ende der Weisheit,
ist eilenden Flugs ausgerissen,
zur Mithilfe war es nicht mehr bereit
und hat auf die Menschen geschissen.

Frühling

Die Ente wackelt mit dem Schwanz,
die Dame macht's mit Eleganz,
der Schönling mit Drei-Tage-Bart,
alles zum Erhalt der Art.

Die Nymphe macht's mit Schmollmund meist,
das Starlet oben blank und dreist,
der Macho mit 'ner engen Hose,
gut sichtbar da die ganze Chose.

Mit prächtigem Geweih der Bock,
die Kleine mit 'nem Minirock,
der Pfau, der schlägt ein großes Rad,
der Softie einen Ohrring hat.

Der Playboy mit 'nem Lamborghini,
mit keckem Augenschlag der Teenie,
so schließen sie die süßen Ketten,
alles, um die Art zu retten.

Selbst der Schwule balzt mit Po
und versucht es ebenso,
doch sein Eifer ist vergebens,
trägt nichts bei zum Born des Lebens.

Auch die Alten wachen auf,
Opa liegt auf Oma drauf,
nimmt zusammen alle Kraft,
spürt noch 'mal der Jugend Saft.

Frühling draußen und im Herzen,
Zeit zum Lieben, Zeit zum Scherzen,
wer nicht folgt diesem Gebot,
ist frigide oder tot.

Geld

Lawinenartig rollt das Geld
machtfüllend um die ganze Welt.
Teils unverfroren, teils geschickt,
so mancher seine Chance erblickt.
Lechzende Mäuler und dreckige Hände
raffen zusammen fast alles behende,
nur wenige sind's, die die Platte da putzen,
im Kopf nur die Gier nach dem eigenen Nutzen.
Den kärglichen Rest die Masse sich teilend,
besser gesagt: um die Brosamen keilend.
So war es, so ist es, so wird's immer sein,
der Große wird größer, der Kleine bleibt klein.
Prunk und Protz in der oberen Klasse,
Betonburg und Aldi für die übrige Masse.
Wenn's fehlt, das Geld, das weggeraffte,
schon immer man sich's neu beschaffte,
neue Steuern schnell erfunden,
der kleine Mann noch mehr geschunden.
Wie lang kann den man noch betrügen,
drangsalieren und belügen ?
Auf ewig, sag ich, wird's so bleiben,
mit Schwachen kann man's immer treiben.
Wer aufmuckt, sich sogar beschwert,
bekommt die ganze Macht beschert,
die Geld in dieser Welt bedeutet,
wird ausgetrickst und abgehäutet.

Gevatter Hein, mein Freund

Man wird älter, immer älter,
und die Welt wird immer kälter,
und das irdisch' Jammertal
wird von Tag zu Tag zur Qual.
Die Gedanken an den Tod
der mit seiner Sense droht,
ziehen durch den Kopf mit Macht,
den ganzen Tag, die ganze Nacht,
und immer mehr, je mehr man denkt,
man qualvoll zur Entscheidung drängt,
zum Freund wird der Gevatter Hein,
nur er kann die Erlösung sein.

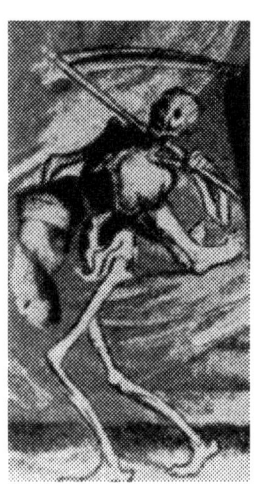

Gewissen

Drei Jahre ist mein Auto alt,
will mir jetzt ein neues kaufen,
es plagt mich mein Gewissen halt,
das alte ist noch gut gelaufen.

Überall in dieser Welt,
viele Menschen in der Not,
könnt' diese schöne Stange Geld,
bewahren vor dem Hungertod.

Ich fürchte nur, wenn ich es spende,
Gewissen ruhig, Skepsis groß,
kommt's sicher in die falschen Hände,
die Reichen werden reicher bloß.

Die Wege sind verschlungen,
undurchschaubar, ominös,
Betrug ist auch schon angeklungen,
man verdient d'ran - generös.

Ich knips' jetzt mein Gewissen aus,
darin hab' ich Routine,
begebe mich zum Autohaus,
bestell' die Limousine.

Glatze

Eines Tags bemerkte ich,
wie mein Haar verdünnte sich,
Kopfhaut blickte frech heraus,
Entsetzen packte mich und Graus.

Kaufte Fässer Birkensäfte,
aktivierte alle Kräfte,
doch die Brühe half mir nicht,
lang und länger mein Gesicht.

Massierte wie ein Geisteskranker,
die Finger wurden immer schlanker,
und dünner wurden auch die Haare,
ist wohl alles nicht das Wahre.

Aus China dann, eine Tinktur,
- hundertachtzig Märker nur -,
Haare sollten wieder sprießen,
doch noch mehr mich dann verließen.

Kämmte längs und kämmte quer,
sollte ausseh'n wie nach mehr,
doch ein Wind, der kleinste Hauch,
deckte schnell die Blößen auf.

Klebte fest sie mit Pomade,
blieben liegen dann gerade,
doch es war total zum Schrei'n,
ich sah aus wie Maegerlein.

Immer tiefer rutscht der Scheitel,
Gott sei Dank bin ich nicht eitel,
mach' mit dem wunderschönen Kranz
jetzt im Kloster Ordonnanz.

Hilfsbereit

Alten Damen Platz ich mache,
jungen helf' ich aus dem Kleid,
gut erzogen, immer lachen,
komm' damit im Leben weit.

Wenn ein Opa, stinkbesoffen,
mitten auf der Straße liegt,
leg' ich ihn in die Gosse
und hoff', daß er kein' Schnupfen kriegt.

Wenn 'ne Frau, sehr schön und rund,
in Ohnmacht fallen mußt,
beatme ich von Mund zu Mund,
massiere ihre Brust.

Wenn 'ne Oma, schwer beladen,
ihre Treppe nicht mehr schafft,
kann ich sie sehr gut beraten:
"Mach' langsam, spare deine Kraft".

Wenn ein junges Mägdelein
den Fuß sich 'mal verstaucht,
trag' ich es natürlich heim,
und wenn's die letzten Kräfte braucht.

Jeden Tag 'ne gute Tat
macht glücklich und bringt Segen,
hilfsbereit mit Tat und Rat,
mich alle Leute mögen.

Himmel und Hölle

Da gibt es Menschen,
die teilen ihr Brot,
mit armen Tieren in Hunger und Not.

Da gibt es Menschen,
die Robben erschlagen,
das grausame Sterben durch Geldgier ertragen.

Da gibt es Menschen,
die Kopf und Kragen riskieren,
zum Schutze von Walen und anderen Tieren.

Da gibt es Menschen,
die Vieh transportieren,
völlig gefühllos vor Qual und Krepieren.

Da gibt es Menschen,
die geh'n in den Tod,
beim Rettungsversuch ihres Hundes in Not.

Da gibt es Menschen,
man könnte erbrechen,
die friedliche Pferde mit Messern erstechen.

Da gibt's den Himmel,
vertrauen wir d'rauf,
da kommen die Guten am Ende hinauf.

Da gibt's die Hölle,
das muß einfach sein,
da kommen am Ende die Bösen hinein.

Hölle

Der Teufel stampft mit seinem Huf,
es klappern die Gebeine,
das Grauen schürend, sein Beruf,
fordert er das seine.

Glieder werden abgerissen,
Köpfe abgeschlagen,
Bäuche mordend aufgerissen,
niemand hört das Klagen.

Ob Mann ob Frau ob jung ob alt
in diesem Meer von Blut,
alle werden hier eiskalt
Opfer einer Wut.

Des Satans Bestien lachen,
schaurig hallt es wieder,
wenn Menschenknochen krachen,
wenn brennen ihre Glieder.

So waten sie durch die Gedärme,
herausgerissen aus den armen,
ergötzen sich an ihrer Wärme
und kennen kein Erbarmen.

Die Hölle ist nicht weit entfernt,
unter der Erde oder so,
wir haben kennen sie gelernt
ganz nah im Kosovo.

Ich tat was ich konnt für Maria

(Eigentlich ein Liedtext nach dem Song "I did what I did for Maria" von Tony Christie)

Traumhaft - schön war das Mädchen vom Haus nebenan,
wir kamen uns näher im März irgendwann,
und ich tat, was ich konnt', für Maria,
ja ich tat, was ich konnt', für Maria.

Und wir liebten uns sehr, doch sie hatte es schwer,
kam von Drogen nicht los, meine Sorge war groß,
und ich tat, was ich konnt', für Maria,
ja ich tat, was ich konnt', für Maria.

Drogen - fraßen sich in ihren Körper hinein,
ohne das Zeug wollte sie nicht mehr sein,
und ich tat, was ich konnt', für Maria,
ja ich tat, was ich konnt', für Maria.

Und sie war jetzt bereit, von dem Gift fast befreit,
und der Wille war da, sagt' zum Leben jetzt ja,
und ich tat, was ich konnt', für Maria,
ja ich tat, was ich konnt', für Maria.

Drogen - kamen am Ende doch wieder zurück,
zerstörten die Hoffnung und all unser Glück,
und ich konnt' nichts mehr tun für Maria,
und ich konnt' nichts mehr tun für Maria.

Zu viel Gift, zu viel Dreck, ist für immer jetzt weg,
elend starb sie im Mai, bis es endlich vorbei,
und ich konnt' nichts mehr tun für Maria,
und ich konnt' nichts mehr tun für Maria.

Intrige

Zerstörend die Macht der Intrige,
trennt Menschen auf teufliche Weise,
ob in Beruf oder Sport oder Liebe,
wirkt die Intrige ganz heimlich und leise.

Die richtigen Worte hinter der Hand
in die richtigen Ohren gesprochen,
zerstören so manches solide Band,
Karrieren kaputt und Herzen gebrochen.

Wie eine giftige Schlange
kriecht sie durch unser Leben,
ergreift uns wie eine mächtige Zange,
Zerstörung ist ihr Bestreben.

Intriganten sind leise und schlau,
bösartig und verschlagen,
kennen ihre Opfer genau,
kein Jammern hilft, kein Klagen.

Schlagt sie mit ihren eigenen Waffen,
zerstört ihre Identität,
erfreut euch an ihrem erschrockenen Gaffen,
und hofft, daß für euch es ist nicht zu spät.

Johannes Paul II

Ein alter, kranker Mann in Rom
schwimmt kraftlos gegen einen Strom,
erkennt der Menschen Nöte nicht,
denen er das Heil verspricht.
Große Gesten, leere Worte,
von der ganz verklebten Sorte,
muffig wie im Mittelalter,
armseliger Moralverwalter.
Die Konflikte vom Gewissen,
milliarden Tränen auf den Kissen,
sieht er nicht, der alte Greis,
was er nicht kennt, macht ihn nicht heiß.
Wer Katholik und gläubig ist,
die Liebe bei dem Mann vermißt,
er ist so wie der blinde Mann,
der nichts von Farben wissen kann.
Setzt ihn in die Zeitmaschine,
dann auf Vollgas die Turbine,
"keine Rückfahrt" noch den Schalter,
und ab mit ihm in's Mittelalter.

Karneval

Harlekin und and're Narren,
grell geschminkt auf hohen Karren,
ziehen durch die bunten Straßen,
Hütchen auf und rote Nasen.
Einmal jemand anders sein,
trister Alltag bleibt daheim.
So ähnlich, wie in inkognito,
auf der Pirsch, erwartungsfroh,
außerhalb der Konventionen,
Narrenfreiheit soll sich lohnen.
Buntes Treiben kreuz und quer,
keiner kennt sich selber mehr.
Manche lachen, manche necken,
andere die Leut' erschrecken,
tanzend mit Konfetti schmeißend,
beim Schunkeln sich am Arme reißend,
Marschmusik und Stimmungslieder,
nach rechts, nach links und auf und nieder.
Am Aschermittwoch ist's vorüber,
Gesichter blaß, Frohsinn hinüber.
Vorbei der Spaß, der Narr dankt ab,
Stille nun, fast wie im Grab,
der Regen spült's Konfetti weg,
was einmal bunt, ist nur noch Dreck.

Kiosk

Da stehen sie, die wahren Kenner,
die Säufer und die armen Penner,
die tätowierten Arbeitsscheuen,
die sich des faulen Lebens freuen,
am Bahnhofskiosk - manchmal grölend -,
mit Bier und Schnaps die Kehle ölend.
Rote Köpfe, Haar zerzaust,
dreckig, stinkend und verlaust,
aber große Töne spucken:
"Kumpel, komm' laß' doch 'mal jucken !"
Am Kiosk treffen sie sich täglich
und saufen meistens ganz unsäglich,
man sieht sie dort den ganzen Tag,
der Pächter sie ganz sicher mag.
Nur, wenn Zahltag am Sozialamt,
ist der Kiosk kurz vereinsamt,
ist er fast idyllisch schön
und nostalgisch anzuseh'n.

Klapperstorch

Der Klapperstorch hat's in der Hand,
wo er Babys bringt an Land,
Somalia, Bundesrepublik,
entscheidet über Pech und Glück.
Oh, Klapperstorch, sei doch so nett,
leg' alle sie in's deutsche Bett,
denn eines Tag's sie sowieso,
steh'n vor der Türe hoffnungsfroh,
begehren Einlaß und Asyl,
auch 'mal Glück ist dann ihr Ziel.

Kleidung

"Kleider machen Leute",
der Sinnspruch ist nicht mehr bekannt,
überall wird hier und heute
in Einheitskleidung 'rumgerannt.

Tennisschuhe, Jeans und T-Shirt,
an Orten, wo es manchmal Brauch,
und wo es nicht hingehört,
werktags und am Sonntag auch.

Immer sieht es schmudd'lig aus,
teils Risse und teils Flecken,
und manchmal sieht man's nur mit Graus,
wenn Hosenböden ocker lecken.

Die Einstellung von innen
wird außen so dokumentiert,
Beleidigung von allen Sinnen,
Ästhetik, Schönheit, ruiniert.

Dekadenz in Reinkultur,
unaufhaltsam weiterschreitend,
mit dem einen Ziele nur,
die Welt noch trister zu bereiten.

Kosenamen

Schnucki oder Hasilein
mögen ja ganz lustig sein,
ich halt' nichts von Koseworten,
denn man hört sie allerorten.
Meistens steht nicht viel dahinter,
denn kommt einmal der erste Winter,
ist's aus mit den Beziehungen,
die Hasileins im Wind verklungen.

Die Liebe auf verbale Art
sich selten auch mit Tiefgang paart.

Krank

Wenn Du krank darniederliegst,
Medizin und Spritzen kriegst,
in Deinem Kopf ein dumpfes Dröhnen,
ab und zu ein leises Stöhnen,
die ganze Welt nicht int'ressiert,
egal, was draußen auch passiert,
dann denk' 'mal, was dich alles n i c h t
als schlimme Krankheit heut' betrifft.
Gleich wird's Dir wieder besser geh'n,
Du mußt die Relation nur seh'n.
Dazu ein positives Denken,
wird die Abwehrkräfte lenken,
auf das, was Dich so krank gemacht,
ab morgen wird wieder gelacht.

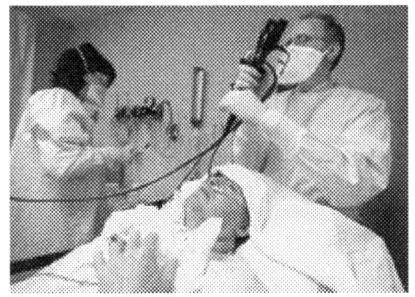

Kreml-Flieger

Ein kleines Würstchen mit Defekt
im Hirn, ansonsten wie geleckt,
wollt' einmal nur der Größte sein
und steh'n im hellen Rampen-Schein.
Er flog allein durch's Russen-Reich
und landete am Kreml weich.
Die Presse, darob ganz entzückt,
war mit dem Spinner ganz verrückt.
Natürlich denkt ein solcher Held
nicht nur alleine an das Geld
für Interviews und für Berichte,
die zeigten ihn im rechten Lichte.
Auch Frauen wollte er betören,
als ob sie alle ihm gehören.
Doch eine setzte sich zur Wehr,
verletzte seinen Ego schwer.
Was macht ein Held in dieser Lage ?
Für ihn war das doch keine Frage !
Er sticht sie ab mit einem Messer
und fühlte sich dann sicher besser.
Das Mädchen überlebte zwar,
doch dies nur reiner Zufall war.

Das Ganze ist nicht lange her,
mir fällt jetzt das Berichten schwer:
den Messer-Held mit schwerem Tick,
hat in die Freiheit man geschickt.

Krieg

Panzer rollen für den Sieg,
in dem gottverdammten Krieg,
Zivilisten und Soldaten
in' s Inferno dort geraten,
sterben grausam, sterben sinnlos,
Trauer, Elend, Hunger groß.
Was die Menschen sich erschaffen,
wird vernichtet von den Waffen,
Trümmer und verbrannte Erde.
Die Hoffnung, daß es Frieden werde,
glimmt im Bombenhagel schwach,
Kanonendonner grollt noch nach.

In blutgetränkten Trümmern steh'n,
zum schwarz gefärbten Himmel seh'n,
fluchen auf die Politik,
suchen nach dem neuen Glück,
"niemals wieder" wird geschworen,
ein neuer Friede wird geboren.
Bis zum nächsten Haß-Ausbruch,
dann kommt er wieder, der Geruch,
von Vernichtung und von Tod,
neues Elend, neue Not.

Kummer

Nun mach' mir keinen Kummer
und eß' mit mir jetzt Hummer,
danach 'ne schöne Nummer,
und dann ein kleiner Schlummer.

Nun mach' mir keinen Kummer,
du scharfer kleiner Brummer,
sonst hängt nur so herum er
und wird nur immer krummer.

Nun mach mir keinen Kummer,
frigider Balg, du dummer,
sonst mach' ich meine Nummer,
mit einem and'ren Brummer.

Kunst

Hast Margarine du zur Hand,
kleb' sie nur an eine Wand,
kannst zum Künstler avancieren,
erklär's als Kunstwerk - nicht genieren.

Es gibt im Land genügend Dumme,
zahlen eine schöne Summe,
erklären dich zum Kunstgott gleich,
machen dich an Barem reich.

Dazu bist du nicht bereit ?
Hälst's für Unverfrorenheit ?
And're sind da nicht so schüchtern,
seh'n das ganze eher nüchtern.

Wenn der Rubel rollt,
man dir Ehre zollt,
ist jedes Mittel recht,
ist das Kunstwerk noch so schlecht.

Leere Seelen

Leere Augen, leere Spritzen,
auf U-Bahn-Treppen liegen, sitzen,
leere Seelen, fast schon tot,
kaputte Venen, blutig rot,
die Haut ist mehlig bleich und matt,
der Satan seine Beute hat.
Jämmerlich sie dort verrecken
in den dreckverseuchten Ecken,
die, die heute noch nicht dran,
sind morgen an der Reihe dann,
sind schon tot und wissen's nicht,
Erbarmen, Mitleid gibt es nicht.
Leere Augen, tote Seelen,
sich aus diesem Leben stehlen,
das ihnen unbequem erscheint,
der Abfall mit dem Tod vereint.

Lemminge

Gott hat den Menschen Gehirne spendiert,
das Benutzer-Handbuch hat er vergessen,
deshalb nun die Menschheit zur Blödheit tendiert,
und ist obendrein noch vermessen.

Das, was sie sagen, ist meist dumm genug,
das was sie tun, grenzt an Idiotie,
sie leben vom Schein und vom Selbstbetrug,
die eigene Dummheit erkennen sie nie.

Wie Lemminge laufen sie kerzengerade
und offenen Aug's in den Tod.
Mein Gott, um die ist's nicht schade,
weil niemand dann die Natur mehr bedroht.

Liebe

Wenn der Verstand ist außer Betrieb,
der Realitätssinn nur noch ein Sieb,
die Handflächen feucht und Schweiß im Gesicht,
dann hat's dich erwischt.

Wenn bis zum Hals der Herzschlag sich weitet,
wenn ein Tag Getrenntsein dir Schmerzen bereitet,
wenn kein and'rer Mensch Trost dir nun gibt,
dann bist du verliebt.

Die Mundhöhle trocken, statt reden Gestammel,
der Auftritt verlegen, du machst dich zum Hammel,
in Aufruhr und Wallung all' deine Triebe,
das ist die Liebe.

"Ich liebe Dich nicht, bitte laß' mich in Frieden !"
Hat sie so einen Brief an dich heut' geschrieben ?
Was ist Liebe ? Du hast es gelesen,
das war's wohl gewesen !

Los

Arbeitslos, mittellos, obdachlos,
chancenlos.
Freunde los, mutlos, hilflos,
schweres Los.

Frau los, Kind los, Ansehen los,
ratlos.
Vertrauen los, Liebe los, Glaube los,
hoffnungslos.

Namenlos, energielos, kraftlos,
trostlos.
Zähne los, Haare los, Gesundheit los,
wertlos.

Lottogewinn

Ich hab' im Lotto Geld gewonnen,
doch ist es ziemlich schnell zerronnen,
Verschwendungssucht hat mich gepackt,
hab' alles Geld gleich eingepackt,
schnurstracks an den nächsten Tresen,
ein Bierchen, und das war's gewesen.

Macho

Muskel-Hemd, Drei-Tage-Bart,
schmale Augen, Blicke hart,
gnadenloser, harter Mann,
der beim Weibe alles kann.
Faßt nur zu mit harter Hand,
ist als Supermann bekannt,
braucht auch keine Tünche,
kennt genau der Frauen Wünsche.
Wird geliebt, verehrt, bewundert,
Frauen hat er an die hundert,
der Softie wird vor Staunen blaß,
und seine Augen werden naß,
versucht die Frauen zu verstehen,
doch er kann's biegen und auch drehen
wie er will - er kommt nicht d'rauf,
Verzweiflung nimmt da ihren Lauf.
Der Macho hat mit dem Verständnis
nichts am Hut, so sein Bekenntnis,
das einz'ge was ihn int'ressiert,
daß das Weib auf's Wort pariert !

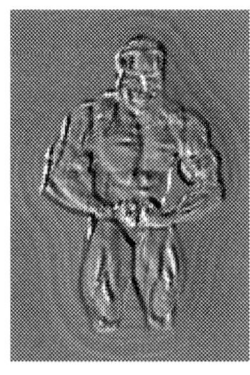

Mißgeschick

Aufgeblasen wie ein Pfau,
steht vor mir die fremde Frau,
Zornesröte im Gesicht,
mir böse nun entgegenzischt:
"Sie sind ein Dreckschwein, ungeheuer,
warten Sie, das wird noch teuer!"
U-Bahn-Stehplatz, dicht' Gedränge,
mein Schirm war Schuld und seine Länge.
Das Ding, fest unterm Arm geklemmt,
hat leicht nach unten sich gestellt,
den Rock der Frau leicht angehoben
und zwischen Schenkel sich geschoben.

Als Nachtrag sei hier noch vermerkt,
daß ich das Unglück bald bemerkt.
Erst als der Schaden war behoben,
fing die Alte an zu toben.

Monsterkinder

Blutgetränkter Bildschirm,
Mordwerkzeug in Großaufnahmen,
Speicherung im kleinen Hirn,
geht bald auf, der Horror-Samen.

Achtung, Liebe, Menschlichkeit,
wo sind diese Ideale?
Immer mehr gewaltbereit,
schlagen, rauben und Randale.

Überfüttert mit Gewalt
aus TV und Video,
ohne menschlichen Gehalt,
werden diese Kinder so.

Hemmungslos, brutal, verschlagen,
treten sie in Gruppen auf.
Wie einst die großen Bibelplagen
nimmt die Entwicklung ihren Lauf.

Die den Horror-Mist vertreiben
verdienen eine Menge Geld,
können sich die Hände reiben,
mit sich zufrieden und der Welt.

Papa ist krank

Krank und siech liegt er darnieder,
schmerzlich spürt er alle Glieder,
ein Virus hat ihn hingestreckt,
bis zum Hals jetzt zugedeckt,
stöhnend, jammernd, schwitzend,
der Tod im Nacken sitzend.
Das Auge tränt, die Nase zu,
das Fieber läßt ihm keine Ruh,
es steigt und steigt und schüttelt ihn,
und Krämpfe durch die Waden zieh'n.
Den Kopf zerreißt es schier vor Schmerz,
ein schlimmer Druck legt sich auf's Herz.
Die Kinder um das Bett 'rum hupfen:
"Unser Papi hat 'nen Schnupfen!"
Das liebend Weib sich's nicht verkneift,
in Richtung Papas Bett hin keift:
"Einmal im Leben, Mannilein,
möcht so gesund wie du ich sein!"

Pflichten

Jüngst verirrte sich 'ne Maus
in ein Einfamilienhaus.
Die Katze, deren Job das war,
war faul und träge, macht sich rar.
Ein Stück Käse, giftgetränkt,
wurd' vor's Mauseloch gehängt.
Die Katz' sich d'rüber hergemacht,
die Maus hat sich halb tot gelacht.

Und die Moral von der Geschicht':
versäume deine Pflichten nicht.

Pubertät

Als ich jung und pubertär,
dachte ich, ich sei schon wer,
gab an wie eine Tüte Mücken,
wollt' imponieren und entzücken.
Mein Hirn saß ganz tief in der Hose,
meine Sprüche dreist und lose,
und die Mädchen, dumme Gören,
ließen sich davon betören.
Hab' Autos dann kaputt gefahren,
alle drin dem Tod nah waren,
nur, weil ich mich überschätzte,
mich über alle Mahnung setzte.
Gut gemeinter Rat der Alten
wurd' für Blödsinn meist gehalten,
was wissen denn die alten Leute
vom jungen Leben hier und heute?
Tu' nicht dies und lasse das,
verdorben hätt's mir manchen Spaß.
Trotzdem denk' ich heut' mit Grauen,
wie so viel Mist ich konnte bauen.
Mit allem, was die Alten taten,
war ich damals gut beraten.

Erkenntnisse von dieser Art
sind mit Verspätung meist gepaart.

Schönheit

Wenn einer abweicht von der Norm,
zum Beispiel in der äuß'ren Form,
hat er es schwer in diesem Leben,
wo alle nur nach Schönheit streben.

Fitneß-Studio, Schönheitsfarm,
manche hungern sich auch arm,
mit Diäten, das sind Renner,
in der Szene, für die Kenner.

Die Bräune von der Sonnenbank,
oder vom Karottentrank,
wer schön ist, hat Erfolg im Leben,
das Glück wird an den Fersen kleben.

Faces werden heut' geliftet,
notfalls mehrmals hochgeshiftet,
bis der Nabel, leich geniert,
das Kinn als süßes Grübchen ziert.

Fett wird einfach abgesaugt,
mit Schleifen Pickel ausgelaugt,
Haare werden transplantiert,
krumme Nasen operiert.

Brüstchen werden aufgemotzt,
nicht gekleckert, nein, geklotzt,
zum Superbusen aufgefüllt,
den Trieb der Männer besser stillt.

Der Mensch im Zwange der Natur,
Arterhaltungs-Ritus pur,
jeder weiß doch ganz genau:
erfolgreich ist der schönste Pfau.

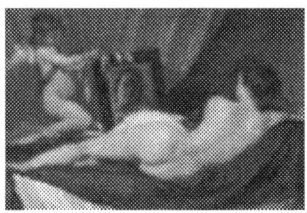

Schrott

Massenmörder, Kinderschänder,
Sado-Masos aller Länder,
Neo-Nazis, Terroristen,
Sektengründer, Exorzisten,
alle Sorten Kriminelle,
zerrt man heute auf die Schnelle,
vor die Fernsehkameras,
so 'was macht dem Seher Spaß.
Der ganze Schrott wird ausgebreitet,
keiner fühlt sich fehlgeleitet,
schließlich ist man hier ja wer,
wird vielleicht berühmt und mehr.
Publicity ist nie verkehrt,
weil das Int'resse sie vermehrt,
um aus dem Schrott, ganz ohne Plagen,
massig Kapital zu schlagen.

Sex-Tourist

And're Länder, and're Titten,
sagt sich Gustav W. aus Schmitten,
Thailand war sein letztes Ziel,
denn da kostet es nicht viel.

Für 'n Appel und 'n Ei
ist man dort beim Sex dabei,
die lassen auch die deutschen Fetten
wegen Armut in die Betten.

Selbst Kinder, die dort Hunger leiden,
dem Pädophilen Lust bereiten.
Schamlos nutzt's der Sex-Tourist,
zu Hause ist er braver Christ.

Doch immer öfter folgt die Strafe
auf dem Fuße für die Schafe:
Tripper, Syphillis und Schanker
und das AIDS, das macht noch kranker.

Auch Gustav W. aus Schmitten
hat nicht mehr lang gelitten,
es streikte sein Immunsystem,
da war's um Gustav W. gescheh'n.

So ein Tag

Aufgestanden früh am Morgen,
hatte erst 'mal keine Sorgen,
fingen etwas später an,
als er klemmt, der Drang vom Darm.

Beim Frühsport dann das Kreuz verrenkt,
verstaucht auch noch das Handgelenk,
beim Duschen leicht die Haut verbrannt
und gegen einen Schrank gerannt.

Beim Frühstück dann verschluckt und - hustend -
quer durch's Zimmer Krümeln prustend,
auf dem Teppich ausgerutscht,
voll in den TV geflutscht.

Auf dem Weg zur S-Bahn - klar
zunächst das Wetter trocken war.
Mittendrin fängt's an zu gießen,
in die Schuh' tut Wasser fließen.

S-Bahn kommt natürlich nicht,
ist noch lange nicht in Sicht.
S'ist immer so bei schlechtem Wetter,
mein Hals vor Ärger immer fetter.

Endlich kommt er doch, der Zug,
des Pechs ist aber nicht genug,
kein freier Sitzplatz ist zu sehen,
jetzt muß ich halt bis Frankfurt stehen.

Natürlich steht in dem Gedränge
ein Knoblauchfreund in voller Länge,
genau frontal, Gesicht zu mir,
es riecht auch noch etwas nach Bier.

Die Einfahrt in den Hauptbahnhof
verzögert sich dann etwas noch,
weil irgendwo ein Draht gerissen,
man hat viel Zeit jetzt zum genießen.

Ich weiß nicht wie, bin ganz benommen,
schlußendlich doch noch angekommen.
Auf die Frag': "Wie geht es heute ?"
wurd' ich des Wahnsinns fette Beute.

Hab' jetzt ein kleines Zimmerlein
so ganz und gar für mich allein,
die Wände sind schön weich, elastisch,
ich fühl' mich ehrlich ganz phantastisch.

Ausnahmsweise bin ich heute
wieder einmal bei Euch, Leute.
Wenn ich jetzt fertig mit dem Reim,
bringt man mich zurück in's Heim.

Spielteufel

Grüner Filz in hellem Licht,
träge Zigarettenschwaden,
halb im Dunkel das Gesicht,
finst're Mienen, Luft geladen.

Schnelle Hände mischen, geben,
große Geldbeträge wandern,
schicksalhaft spielt hier das Leben,
von dem einen zu dem andern.

Lautlos huschen schnelle Karten,
zwischen Gläser, über Geld,
begierig Fingerspitzen warten,
in diesem Mittelpunkt der Welt.

Rund um den Tisch ist schwarze Nacht,
undurchdringlich, isolierend,
des Spielers Teufel hat die Macht,
mit fester Hand das Spiel regierend.

Spott

Ein Pavian lacht sich halb tot
über seinen Artgenossen,
weil dessen Hinterteil ganz rot,
er hat den Spott genossen.

Der andere, darob verletzt,
den Affen auf 'nen Spiegel setzt.
Der Anblick, der sich dem da bot,
macht vor Verlegenheit ihn rot.

Und die Moral von der Geschicht':
lache über and're nicht,
bevor du dich nicht selbst erkannt,
sonst hängt an dir der Schmutz, die Schand'.

Staranwalt

Am jüngsten Tag kam's zu Massenprozessen,
alle sind vor dem Richter gesessen,
wurden verurteilt, je nach Vergehen,
nur wenige sollten das Himmelstor sehen.
Es half kein Vertuschen und es half auch kein Lügen,
der oberste Richter war nicht zu betrügen.
Die Hölle war zwar viel zu klein,
doch immer mehr kamen hinein,
die Qual auf ewig zementiert,
nie Erlösung - garantiert.
Staranwalt B. aus M. jedoch
fand noch ein Gesetzesloch.
Mit dem Richter er parlierte,
ganz geschickt argumentierte,
redete fast pausenlos,
sein Repertoir war riesengroß,
zitierte tausend Paragraphen,
der Richter drohte einzuschlafen,
sein Denkvermögen eingeschränkt,
hat ihm die Freiheit dann geschenkt,
um ihn endlich los zu werden,
Gerechtigkeit fast wie auf Erden.
Nun sitzt der Anwalt B. aus M.
auf Wolke siebenhundertzehn,
muß nicht einmal die Sterne putzen,
sein Jura-Studium war von Nutzen.

Stille Nacht

Es riecht nach Plätzchen und nach Tanne,
der Opa steigt noch in die Wanne,
weil Weihnacht' ist, was Frieden macht,
die Kinder plärren "Stille Nacht".

In der Nähe läuten Glocken,
Papa, Schwager, Opa zocken,
Mama mit verklärtem Blick,
schaut auf das Familienglück.

Geschenke werden ausgepackt,
was gefällt wird eingesackt,
andernfalls die Laune sinkt,
es nach Familienärger stinkt.

Süßigkeiten kiloweise,
geh'n auf die Verdauungsreise,
Alkoholika in Massen,
hoch die Gläser, hoch die Tassen.

Der Engel an des Baumes Spitze
fängt Feuer durch der Kerzen Hitze.
Die Tanne brennt bald lichterloh,
die Kinder macht das richtig froh.

Oma zetert gleich hysterisch,
Opa reagiert cholerisch,
die Kleinen finden es ganz toll,
so, wie Weihnacht' eben sein soll.
Stille Nacht, heilige Nacht,
Feuer hat alles kaputt gemacht.
Jetzt freut man sich auf's nächste Jahr,
weil's immer so gemütlich war.

Tobias

Tobias wurde nur drei Jahre,
zertreten von herzlosen Seelen,
der Müllplatz wurde seine Bahre,
beendet das grausame Quälen.
Ein Kind, es wollt' spielen und toben,
es brauchte Verständnis und Liebe,
wollte das Leben noch proben,
und mußte ertragen die Hiebe.
Wo Schutz und Hilfe man vermutet,
im eig'nen Elternhaus,
ist er innerlich verblutet,
haucht' sein kleines Leben aus.
Die Mutter trat ihn tot voll Haß,
dem Vater war's egal,
der liebe Gott selbst wurde blaß,
erlöst das Kind von seiner Qual.
Aug' um Aug' und Zahn um Zahn,
zertretet diese Blase,
daß sie's am eig'nen Leib erfahr'n,
in angemeß'nem Maße.

Tod eines Rennfahrers

Hitzeflimmernder Asphalt,
trotzdem ist's dem Fahrer kalt,
die Kälte kommt von innen,
er kann ihr nicht entrinnen,
festgeschnallt in dem Boliden,
die Straße vor ihm scheint zu sieden.
Menschen jubeln auf den Rängen,
an Pfählen bunte Fahnen hängen.
Motoren werden warm gemacht,
das Dröhnen noch verhalten, sacht.
Dann schwillt es an, die Ampel grün,
Raketen gleich die Wagen zieh'n
vom Start weg auf die Kurve zu.
Dem Fahrer glückt der große Coup,
von Startplatz drei jetzt an der Spitze,
erstmals spürt er nun die Hitze.
Es riecht nach Gummi und nach Sprit,
begeistert geht die Menge mit.
Ein kleiner Patzer, doch genug,
den nutzt jetzt sein Rivale klug,
zieht vorbei, der Ärger nagt,
jetzt beginnt die Aufholjagd.
Der Rest des Feldes weit zurück,
der Fahrer aber hat kein Glück,
er bremst zu spät vor einer Ecke,
das Fahrzeug kommt jetzt von der Strecke,
zerschellt an einer harten Wand,
Hilfe kommt herbeigerannt.
Doch er starb an dieser Mauer,
ein ganzes Volk versinkt in Trauer.

Urlaub

Wo geht's dies' Jahr hin in Urlaub ?
Nach Florida ? Darf doch nicht wahr sein !
Wirst Opfer dort von Mord und Raub,
kommst in einer Kiste heim.

Wo geht's dies' Jahr hin in Urlaub ?
In die Türkei ? Du Lebensmüder !
In diese Gegend ? Mit Verlaub,
nicht für aller Welten Güter.

Wo geht's dies' Jahr hin in Ferien ?
Nach Spanien ? In den Basken-Terror ?
Nie 'was gehört von Bomben-Serien ?
Dort herrscht doch der reinste Horror !

Wohin fährst du denn, meine Liebe ?
Nach Italien ? Oh, mein Gott !
Mafia, Räuber, Mörder, Diebe
und im Meer der ganze Schrott.

In Urlaub fährst du ? Sag: wohin ?
Nach England ? Mensch, bist du noch klar ?
Womöglich bist du mittendrin,
wenn Bomben schmeißt die I.R.A.

Was machst du ? 'nen weiten Flug ?
Fliegst nach Bangkok, altes Schwein ?
Das ist aber garnicht klug,
kommst mit AIDS und Tripper heim.

Wo geht's hin in diesem Jahr ?
Nach Oesterreich ? Wo man euch kennt ?
Das ist doch alles garnicht wahr !
Wo euch jeder "Piefke" nennt !?

Der wirklich schönste Platz auf Erden
für Entspannung und Erholung,
total regeneriert zu werden,
ist meine eig'ne Wohnung.

Vergeßlichkeit

Der Dings, du weißt schon, der aus Köln,
nein, ich glaub' der wohnt in Mölln,
also der, weißt wen ich meine,
verlor beim Unfall beide Beine,
oder, das kann auch noch sein,
gebrochen hat das linke Bein.
Auf jeden Fall ist 'was passiert,
dem Dings aus Dingens, garantiert.
Du kennst ihn auch, den langen schwarzen
mit den Händen voller Warzen,
nein, die Warzen hatte doch
dieser Dings aus Degerloch,
oder war der nicht aus Lingen ?
Ich werd's gleich zusammenbringen:
der sich am Samstag wird vermählen !
Was wollt' ich eigentlich erzählen ?

Volksmusik

Die Volksmusik gar herzig ist,
erzählt noch von der heilen Welt,
von Herzeleid im Kuhstallmist,
mit treuen Augen vorgestellt.

Die Knaben und die Mägdelein,
bunt und ländlich ausstaffiert,
schau'n beim Singen so lieb drein,
daß es fast schon amüsiert.

Viele mögens trotzdem hören,
möchten so die Welt bereiten,
lassen sich vom Traum betören,
entrinnen so den Wirklichkeiten.

Doch traurig macht der Unterschied,
der sich im wahren Leben zeigt,
zwischen dem und so ‚nem Lied,
wenn man vom Traum heruntersteigt.

Und noch was zu den Schnulzen-Leiern,
Verehrung an die CSU,
die heile Welt gibt's nur in Bayern,
im Alpenglühen grüß' ich: Muuuuuhhh!

Weihnachten

Lametta, Kerzen, Tannenbaum,
Lebkuchen und Marzipan,
Plätzchenduft im ganzen Raum,
mit weißem Bart der Weihnachtsmann.

Glanz in den Augen der Kinder
bei Spielzeug und Schokolade,
vor'm Fenster der schneeweiße Winter,
nur einmal im Jahr - das ist schade.

Familientreffen an Weihnacht'
mit Sticheleien und Zank,
statt festliche Liebe die Zwietracht,
nur einmal im Jahr - Gott sei Dank.

Weltall

Stell dir vor, man schrumpft das Weltall
auf die Winzigkeit vom Erdball,
und alles, was darin enthalten,
würd' im Maßstab man gestalten.
Uns're ganze Galaxie,
ein Schippchen Sand in Rimini,
ein Sandkorn nur die Sonne groß,
unsichtbar klein die Erde bloß.
Niemals wird ein Erdenwesen,
und sei es noch so klug, belesen,
erfahren, ob im Sand daneben,
am Strand von Rimini gibt's Leben.
Ein Flug nach Rom, ach Gott bewahre,
man braucht' dafür millionen Jahre.

Was dies Modell der ganzen Welt
so alles doch in Frage stellt:
der Mensch, der sich so wichtig glaubt,
am Strand von Rimini verstaubt,
vom Weltall völlig unbeachtet,
nach lächerlichen Zielen trachtet.

Wichtig

Wie der Mensch sich wichtig nimmt
in der tausendstel Sekunde,
die er hier auf Erden schwimmt,
nicht 'mal eine Runde.

Denk' 'mal an die Ewigkeit,
bedeutungsloser, kleiner Tor,
fühlst dich stark und so gescheit,
kommst dir unentbehrlich vor.

Selbst der ganze Erdenball,
mit milliarden Zeitgenossen,
ist kein Fall im großen All
von besonderem Int'resse.

Als Staubkorn, mikroskopisch klein,
die Erde fliegt durch Raum und Zeit,
was bildet sich der Mensch da ein,
zur Einsicht nicht bereit.

Wissen

Bin ein Kreuzworträtsel-Fan,
mach' es täglich, mach' es gern,
bin darin ein wahrer Meister.
Kuckucksvogel ? Na, wie heißt er ?
Dreizehn waagrecht, Wort mit zwei,
Hühnerprodukt ? Das ist ein "Ei" !
Papagei mit drei, mit A,
ist der "Ara", alles klar ?
Bin ein richtiges Genie,
Beingelenk mit vier ist "Knie".
Eine Gemeinschaft für das Leben ?
Vorne E und H daneben ?
Vier Felder sind da vorgesehen,
Mehrzahl heißt's, das sind die "Ehen".
Fluß durch Frankfurt ist der "Main",
Abels Bruder wohl der "Kain",
die erste Frau auf dieser Welt
hieß "Eva", Adams Gattin, gelt ?
Dann muß, drei senkrecht jetzt mit V,
das Flugtier "Vogel" sein, genau !
Zwölf waagrecht nun, mit einem L,
"langsam", das Gegenteil von schnell.
Ungeziefer ist die Laus,
radier' ich aber wieder aus,
denn senkrecht passt's dann nicht mehr so,
richtig ist jetzt hier der "Floh".
Das Gegenteil von Luv ist "Lee",
Gewässer in drei Feldern "See",
Ackergerät mit E die "Egge",
Umzäunung, grün, ist eine "Hecke".
So lern' ich täglich neue Worte,
die ich mir im Geiste horte.
Wissen ist Macht, und ich weiß viel,
der Hauptschulabschluß ist mein Ziel.

Zeit

Der Tag nimmt wieder 'mal kein Ende,
die Zeit für Arbeit ich verschwende,
doch dann kommt doch der Feierabend,
mich erholend und erlabend.

Am nächsten Tag geht's weiter dann,
häng' wieder an der Arbeit dran,
nur langsam mir die Zeit verrinnt
bis das Wochenend' beginnt.

So schlepp' ich mich von Tag zu Tag,
von Woch' zu Woche ohne Klag',
die Monate, sie zieh'n sich hin,
bis endlich ich 'mal Rentner bin.

Kurzsichtig mein Denken, dumm,
denn ging' die Zeit viel schneller 'rum,
wär' ich auch viel schneller alt
und auch schneller tot und kalt.

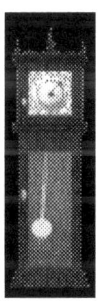

Zeitmaschine

Ich sitze in der Zeitmaschine
und bin ganz aufgeregt,
leise pfeift eine Turbine,
noch hat sie sich nicht geregt.
Ein Display zeigt "eins-neun-neun-drei",
darunter eine Tastatur,
ein Hinweis "Eingabe ist frei",
ich muß das Jahr jetzt wählen nur.
Ich gebe ein "zwei-null-vier-drei",
schon pfeift's von allen Seiten,
Bilder fliegen rasch vorbei,
ich rase durch die Zeiten.
Ich kann kaum etwas erkennen,
das Tempo ist nun vehement,
kurz sah ich eben Städte brennen,
jetzt giftig-gelbes Firmament.
Rechts, ganz rot, ein Meer von Blut,
links ein Berg von Leichen,
jetzt nur noch Feuer, Hitze, Glut,
will nicht vor'm Fenster weichen.
Sie bremst jetzt ab, die Zeitmaschine,
"zwei-null-vier-drei" ist angezeigt,
abgeschaltet die Turbine,
bin fünfzig Jahre weit gereist.
Hier draußen ist es infernal,
ein grausiges Geschehen,
Feuer, Leichen überall,
hab' den Teufel g'rad' gesehen.
Entsetzen greift nach meinem Herz,
taste schnell "eins-acht-vier-vier",
mein ganzer Körper zuckt vor Schmerz,
nichts, wie schleunigst weg von hier !

Zirkus

Mit bunten Gespannen und lustigen Klängen,
der Zirkus kommt in die Stadt,
Löwen und Tiger mit mächtigen Fängen
und ein Jongleur auf einem Rad.

In kleiner Manege auf Streu und auf Sand,
die Artisten in bunten Gewändern,
sie sind der Zirkus mit Herz und mit Hand,
und war'n schon in vielen Ländern.

Mit knallroter Nase und spiegelnder Glatze,
mit schlotternder Hose an wackligen Beinen,
ein Clown mit seiner Katze,
bringt die Leute zum Lachen und Weinen.

Drei Meter hoch ist ein Drahtseil gespannt,
viel Beifall die Zuschauer spenden,
ein Mädchen in wippendem Tüll tanzt galant
mit nur einem Schirm in den Händen.

Geheimnisvoll in schwarzem Gewand,
mit Blitz und Knall und Rauch,
verwandelt der Magier den Elefant
in einen Gummischlauch.

Fliegende Menschen hoch oben im Bau,
in glitzerndem Anzug im gleißenden Licht,
wirbelnde Trommeln begleiten die Schau,
die Zuschauer atemlos, bleich im Gesicht.

Pferde im wilden Galopp,
gezähmt von verwegenen Reitern.
Tiere und Menschen, so geht es Non-stop,
das Publikum zu erheitern.

Der Zirkus zieht weiter mit Mann und mit Maus,
suchen woanders nach Beifall und Brot.
Verklungen ist längst der letzte Applaus,
der Platz, wo das Zelt stand, ist einsam und tot.

Zorn

Im Zorn erwacht die Phantasie,
normalerweise denk' ich nie
an radikale Rache-Züge,
ich mit Schimpfen mich begnüge.
Doch wenn das Faß 'mal überläuft,
die Menschlichkeit abrupt ersäuft,
dann möchte ich gern Rambo sein
und haue alles kurz und klein,
gehe auf die Barrikaden,
ergehe mich in Hetz-Tiraden,
fordere die Todesstrafe
für die miesen schwarzen Schafe.
Mitleidlos und kalt wie Eis,
ford're ich um jeden Preis,
radikal Exekution,
fühle mich dann besser schon,
der Zorn ebbt dann ein wenig ab.
Wenn ich dann wieder Ruhe hab',
find' ich den Ausbruch meiner Wut
immer noch gerecht und gut.

Über die Liebe und den Tod

Die liebe Heidi und der böse Krebs

Der Tag beginnt mit Sorgen,
trotz Sonne ist's ein grauer Morgen,
die Liebste liegt schwer krank darnieder,
ich muß sie anschau'n, immer wieder.

Traurig, hilf- und wehrlos
schaut sie mich an, ein dicker Kloß
in meinem Hals sich breitet aus,
und ich muß ganz schnell aus dem Haus.

Doch die Gedanken sind bei ihr,
die so viel bedeutet mir,
ihr Leid steht mir in Kopf und Herz,
bereitet mir unsäglich' Schmerz.

Zerstörend, tückisch, rücksichtslos,
macht sich diese Krankheit groß,
greift gierig um sich, überall,
bringt Mut und Hoffnung schnell zu Fall.

Doch wir geben niemals auf,
nehmen alle Müh' in Kauf.
Diesen schlimmen Feind bezwingen,
wird gemeinsam uns gelingen.

Komm zurück

Tränen trüben meinen Blick,
Tag und Nacht ich an Dich denke,
bitte kehr' zu mir zurück,
ich Dir alle Liebe schenke.
Steh' doch auf vom Krankenbett,
in meine Arme kehr' zurück,
bitte, bitte sei so nett,
bring' es wieder, unser Glück.

So lange liegst Du schon darnieder,
so nah Du bist und doch so fern,
meist geschlossen, Deine Lider,
Du bist die Sonne, bist mein Stern.
Ohne Dich und Deine Wärme
ist mir kalt an Herz und Leib,
seh' ich alles wie von Ferne,
bitte komm' zurück und bleib'!

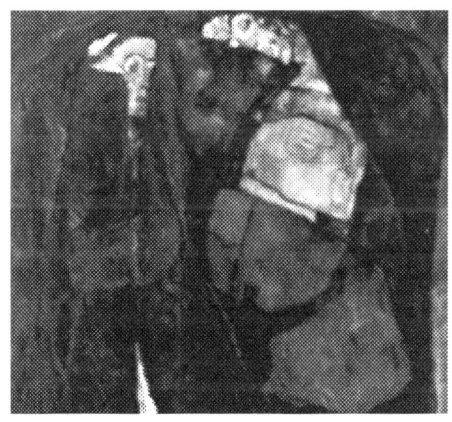

Das Ende

Man hat die Liebste mir genommen,
Gevatter Tod hat doch gewonnen,
tückisch mit dem Krebs vereint
hat er's mit ihr nicht gut gemeint.
Alles Kämpfen war vergebens,
es war das Ende dieses Lebens.
Mit ihr verstarb auch meine Seele,
von Tag zu Tag ich mich nun quäle,
hab' keine Freude mehr am Leben,
niemand kann mehr Trost mir geben.
Ein halbes Menschenleben lang
war'n wir in Liebe ein Gespann,
dem jetzt die eine Hälfte fehlt.
Nur der Gedanke mich schon quält,
daß ich allein soll weiterleben,
dem kann ich keinen Sinn mehr geben.
Für mich, vielleicht, nur winzig klein,
eine Art von Trost mag sein,
daß sie jetzt ohne Schmerzen ist,
und, daß niemand sie vergißt.
Doch die Wärme, die sie gab,
nahm sie mit in's kühle Grab.
Nur für Heidi schlägt mein Herz,
doch die Kälte bringt den Schmerz,
werde sicher bald erfrieren,
meine Lebenskraft verlieren.

Du bist mir nah

Jetzt liegst du da in uns'rem Grab,
dem Platz an deiner Seite,
ich jetzt schon meinen Namen gab
und alles gründlich vorbereite.
Nur deine Seele ist noch da,
fest verankert tief in mir,
so bist du mir für immer nah,
doch körperlich, da fehlst du mir.
Deine Liebe, deine Wärme,
dein Lachen, deine Zuversicht,
davon ich immerfort noch schwärme.
Ich sehe dich im hellen Licht,
wie du, befreit von allen Plagen,
mir glücklich beide Hände reichst,
nur kannst du nichts mehr zu mir sagen,
doch nie von meiner Seite weichst.
Noch immer bist du Teil von mir,
ich spür' es deutlich, du bist da,
so wie ich immer auch bei dir,
so bleiben wir uns ewig nah.

Bitterkeit

Der liebste Mensch in meinem Leben
kann mir die Liebe nicht mehr geben,
die ich wie Luft so nötig habe,
trugen wir mit ihr zu Grabe.
Einen neuen Sinn zu haben,
im Leben, kann ich auch begraben:
Fern die Enkel, fern der Sohn,
Fremde sind mir näher schon.
So kommt zur Trauer Bitterkeit,
lautlos man um Hilfe schreit,
doch kalt und hohl in meinen Ohren
hat das Echo sich verloren.

Am Grab

Wolken ziehen über's Grab,
Nieselregen netzt die Erde,
Blumen neigen sich hinab,
eine traurige Gebärde.

Darüber kahle Äste ragen,
in's Leere greifen dürre Zweige,
die ganze Trauer auf sich tragen,
ich steh' davor und schweige.

Die Leere und die Traurigkeit,
die Kälte und die Stille,
Erkenntnis der Vergänglichkeit,
vernebeln mir die Sinne.

Nur eine Aura bleibt zurück,
unsichtbare Energie,
erzählt von längst vergang'nem Glück,
und diese Kraft verläßt mich nie.

Eternity

Ihr Parfum steht immer noch
da, wo sie's hat stehen lassen,
ihr Duft so nah, jedoch
kann ich sie nicht mehr fassen,
nicht liebkosen, nicht mehr küssen,
nicht mehr für sie sorgen,
werde jetzt allein sein müssen,
mir graut es, denke ich an morgen.
Der Name auf der Flasche steht:
"Eternity", heißt Ewigkeit,
der Duft mir um die Nase weht,
alles, was von ihr mir bleibt,
außer der Erinnerung
an eine wundervolle Frau,
verzweifelt stehe ich ganz stumm,
wenn ich nachts zum Himmel schau'.

Nicht allein

Eigentlich hab' ich dir alles gesagt,
nichts, was an meiner Seele noch nagt,
zufrieden, fast glücklich, bist du gegangen,
die Erlösung im ‚Dasein danach' zu erlangen.
Was ich jetzt noch sage, was ich auch tu',
du akzeptierst es, du stimmst mir zu,
denn egal, wo einer von uns g'rade ist,
du auch in der Trennung ein Teil von mir bist.
Drum sind wir nicht wirklich getrennt und allein,
auch ich werde immer ein Teil von dir sein,
der Teil, den du hast mitgenommen,
der schon bei dir, der Rest wird noch kommen.

Bilder

Hunderttausend Bilder,
Wehmut der Erinnerung,
tanzen immer wilder
im geplagten Kopf herum.
Ich seh' dich weinen, seh' dich lachen,
seh' deine Augen, wie sie strahlen,
seh' dich and'ren Freude machen,
seh' deine Lust und deine Qualen.
Bilder aus der Jugendzeit,
wie du verliebt mich angeschaut,
traumhaft die Vergangenheit
in Regensburg als meine Braut.
Ganz in weiß und wunderschön,
du warst voll Wärme, warst so lieb.
Bis zum Schluß kann ich es seh'n,
bis zum letzten Bild es blieb.

Ein Gespräch

Wo ist meine liebe Heidi?
Sie schläft!
Ich hab' sie schon lange nicht mehr gesehen.
Sie schläft sehr fest!
Ich will mit ihr reden!
Das geht nicht, sie schläft.
Ich will ihr sagen, daß ich sie liebe!
Das weiß sie doch schon!
Warum schläft sie immer noch?
Weil ihr das gut tut!
Aber mir tut's nicht gut!
So gönn' es ihr doch!
Das tu' ich, aber ...
Kein "aber", laß sie schlafen!
Na gut. Sag mir nur, wann ...
Wenn auch du eingeschlafen bist!
Wie meine Heidi?
Wie deine Heidi!

Bilder (2)

Ich sehe dich am Fenster steh'n,
kann dich heute noch dort seh'n,
wie du mir winkst beim Kommen, Gehen,
kann deine Augen strahlen sehen.
Bilder der Vegangenheit
steh'n in meinem Kopf bereit,
fälsche so was wirklich ist,
und schon ist's nicht mehr ganz so trist,
und auf wunderbare Weise
hör' ich dich manchmal sogar leise.
Was ist Traum, was ist real?
Der Damm dazwischen ist ganz schmal,
und wenn er bricht in Einsamkeit,
wird auch der Traum zur Wirklichkeit.

Seele

Wie ein Mensch so sterben kann,
friedlich schlafend, plötzlich dann,
das Atmen einfach eingestellt,
keine Lust mehr auf die Welt.
Entspannt und irgendwie zufrieden
ist sie neben mir verschieden.
Da lag sie nun, erlöst, befreit,
und alles in mir nach ihr schreit,
sie war mein Leben, war mein Glück,
doch sie kommt nicht mehr zurück.
Was bleibt, schwebt unsichtbar im Raum,
bei Tage und des nachts im Traum,
ihre Wärme, Energie,
Liebe, Hoffnung, Symphathie,
ist nicht gestorben, ist noch da,
ihre Seele ist mir nah.

Die Sonne ist tot

Bei Tag und bei Nacht war sie die Sonne,
mein Labsal, mein Balsam und meine Wonne,
sie war es, für die es sich lohnte zu leben,
ihr galt mein Trachten, ihr galt mein Streben

Einem Roboter gleich, mit umnebeltem Sinn,
im leeren Raum, ob draußen, ob drin,
mach' ich so weiter als sei sie noch da,
doch nichts ist mehr so, wie's mit ihr einstmals war.

Was ich auch tue, wo ich auch bin,
mir fehlt das Motiv und ich seh' keinen Sinn.
Die Sonne ist tot, im Weltall verschwunden,
zurück bleiben Kälte und schmerzliche Wunden.

Und wenn alles Blut aus den Wunden geflossen,
mit dem ich die Blumen am Grab hab' gegossen,
dann werde ich wieder neben ihr liegen,
gemeinsam wir dann durch den Weltenraum fliegen.

Hochzeitstag

Sie war achtzehn, einundzwanzig ich,
als wir beschlossen, zusammen zu bleiben,
ich liebte sie und sie liebte mich,
bis daß der Tod uns soll scheiden.

Vor unserem heutigen Hochzeitstag,
der achtunddreißigste wär's gewesen,
sie dieser teuflischen Krankheit erlag,
meine Seele will nicht genesen.

Die Blumen, die ich ihr wollt' schenken,
leg' weinend ich jetzt auf ihr Grab,
voll Trauer und Wehmut und schmerzhaft' Gedenken
stehe ich da - und es zieht mich hinab.

Wo ist deine Seele?

Begraben hab' ich deine Hülle
nicht weit weg in aller Stille,
besuche dich jetzt jeden Tag,
weil ohne dich ich's nicht ertrag'.
Doch sag' mir: Wo ist deine Seele?
Mit diesem Sinnen ich mich quäle.
Hörst du, was ich zu dir sage?
Hörst du, wenn ich dich was frage?
Siehst du mich und was ich mache,
wenn ich weine, kaum mehr lache?
Was ich dir schreib', kannst du's versteh'n,
kannst du in meinen Kopf rein seh'n?
Fühlst du immer noch mit mir,
so wie ich immer auch mit dir?

Irgendwo in meiner Nähe,
-fast ich dich leibhaftig sehe-
fühle ich, daß du bist da,
um mich, in mir, immer nah.

Das Totenschiff

Träge rinnt die Zeit dahin,
ohne Freude, ohne Sinn,
die Traurigkeit läßt mich nicht los,
allein auf einem kleinen Floß,
im Meer der Tränen, deprimiert,
sich mein Blick im Nichts verliert.
Kein rettend' Schiff, kein Land in Sicht,
nur Nebel, Dunkelheit und Gischt.

Manchmal seh' ich's, halb im Wahn,
ein Totenschiff zieht seine Bahn,
seh' die Geliebte dort an Bord,
doch verstehe ich kein Wort,
von dem, was sie mir sagen will,
sie ruft und winkt, doch es bleibt still.

Das Schiff löst sich im Nebel auf,
ich wollte, doch ich kam nicht drauf.
Das nächste mal, da wird's gelingen,
werd' an Bord des Schiffes springen,
um wieder nah bei ihr zu sein,
und nicht mehr auf dem Floß allein.

Lieder

Lieder aus vergang'nen Zeiten
mir heute Seelenschmerz bereiten,
hör' ich sie doch jetzt allein
ohne meinen Sonnenschein.
Kalt und hohl in meinen Ohren,
Trauer tragend und verloren,
klingen sie an mir vorbei.
Erinnerung ist stets dabei,
Erinnerung an schöne Tage,
süßes Glück und wenig Klage.
Wenn dann noch "unser Lied" erklingt,
mir einsam auf der Seele schwingt,
wird gänzlich mir das Herz zerrissen,
und immer neue Tränen fließen.

Der Sessel

Der Sessel schaut mich traurig an:
"Ich kann die Heidi nicht vergessen,
die, wenn die Arbeit war getan,
immer hier auf mir gesessen.
Mit ihrer kleinen Welt zufrieden,
mochte sie so gerne leben,
konnt' so schöne Pläne schmieden,
und Geborgenheit dir geben.
Leer und verlassen steh' ich hier,
seh' dein trauriges Gesicht,
Erinnerungen geb' ich dir,
doch dich trösten kann ich nicht.

Abschied

Wenn dermaleinst der Sensenmann,
tritt grinsend an mein Bett heran,
werd' ich mich nicht vor ihm verstecken,
der düst're Freund kann mich nicht schrecken.
Du stiehlst mir nichts, werd' ich ihm sagen,
will mein Schicksal nicht beklagen,
Milliarden vor mir sind gegangen,
alle an den Punkt gelangen,
keine Rolle spielt die Zeit,
denn im Vergleich zur Ewigkeit
sind Jahre nur Sekunden,
Menschenleben höchstens Stunden.
Nimm mich mit, bin int'ressiert,
was weiterhin mit mir passiert.
Und sage mir, hab' ich nicht recht,
man lebt danach doch garnicht schlecht,
in der vierten Dimension,
hie und da hört man davon.
Der Sensenmann wird weise nicken,
aus hohlen Augen gütig blicken:
du hast es erkannt, mein Sohn,
komm' jetzt, denn man wartet schon,
dich im Paradies zu grüßen.
Man wird dich hier vielleicht vermissen,
doch wenn sie wissen, wo du bist,
der Schmerz um dich erträglich ist.

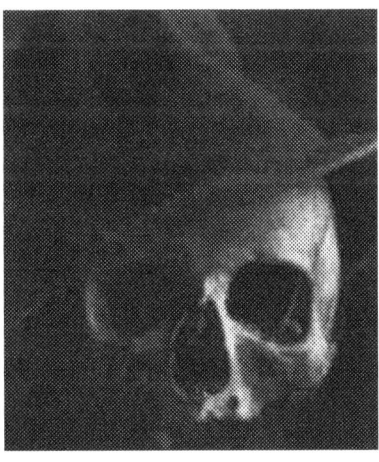

Wozu ?

Ich finde einfach keine Ruh',
egal, was ich auch mache,
frag' mich dauernd nur: Wozu?
Ist das wirklich meine Sache?
Ist nicht alles Sch... egal,
was ich tue oder lasse,
alles ist so leer und kahl,
wie ich dieses Leben hasse,
ohne sie, sie war mein Alles,
ist die Freude nicht mehr da,
nur dumpfes Vegetieren, schales,
wo früher so viel Liebe war.

114 Tage

Vor hundertvierzehn Tagen
ist sie von mir gegangen.
Die Seelenschmerzen plagen,
die Lebenslust vergangen.

Schlimmer Tage grauer Geist,
bodenloser Sturz in's Nichts,
brennend die Verzweiflung kreißt,
düster blaß der Glanz des Lichts.

Zehrend' Denken, Bitterkeit,
dumpfes Vegetieren,
macht sich mir im Inner'n breit
wie aggresive Viren.

Öd und leer verrinnt die Zeit,
ihre Liebe fehlt mir so,
meine Seele nach ihr schreit,
und sie hört es – irgendwo.

Politik und Bürokratie

Bananenrepublik

Laßt Euch nicht für dumm verkaufen
von den arroganten Flaschen,
die immer den Champagner saufen,
von dem Geld aus Eu'ren Taschen.

"Zum Wohl des Volkes" schworen sie
und meinten nur sich selber,
zum Schlachten braucht man Leute wie
Du und ich - die Kälber.

Filz und Meineid, schmier'n am Rande,
so spielt die Musik,
in uns'rem einst so reichen Lande,
jetzt Bananenrepublik.

Lug und Trug und Vorteilsnahme
und in der richtigen Partei,
sind die Lizenz für erste Sahne,
für Reibach so ganz nebenbei.

Selbst wenn sie einmal überführt,
stört sie das mitnichten,
der ganze Klüngel - ungerührt -
wird's schon wieder richten.

Statt sinnvoll und mit Sachverstand,
zum Wohle aller Leute,
zu führ'n und lenken dieses Land,
machen sie selber Beute.

Die Zahl der Armen steigt fast täglich,
die Pleiten ebenso,
das Kriminelle - unerträglich,
wer tut was und wie und wo ?

Kaum ein Problem wird hier gelöst
von diesen Ignoranten,
man lieber ruhig weiter döst,
dickes Fell, wie Elefanten.

Abgesichert bis in's Letzte
könn'n sie tuen was sie wollen,
bei denen gibt es kaum Verletzte
und Köpfe äußerst selten rollen.

Kein Wunder, daß in diesem Falle,
man ruft nach einer starken Wehr,
nicht alle,
aber immer mehr.

Beschissen

Die Windel sprach zum Klopapier:
ganz schön beschissen dran sind wir.
Im nächsten Leben möchte ich
ein Mensch sein, notfalls bürgerlich.

Das Klopapier dacht' gründlich nach,
bevor es zu der Windel sprach:
ob bürgerliche Frau, ob Mann,
bist du auch nicht besser dran,
wenn in Bonn die hohen Herren,
stets an deiner Tasche zerren,
dich belügen und bescheißen,
wenn sie sich am Geld vergreifen,
das du mit Arbeit mußt erbringen,
da wirst du noch die Hände ringen.

Da war beruhigt sie, die Windel,
daß ihr erspart bleibt Arbeit, Schwindel,
daß sie ehrlich wird beschissen,
ihr Dasein wollt sie nimmer missen.

Blut

AIDS-Viren im Spenderblut
sind für Empfänger garnicht gut,
doch Blut ist rar und auch recht teuer,
so spielt man gern 'mal mit dem Feuer,
wird die Brühe hemmungslos
in gesunden Körpern los.
Alle, die das vorher wußten
und die Folgen wissen mußten,
gehör'n als Mörder in den Knast,
die Opfer tragen schlimm're Last.
Doch was passiert den Mordgesellen ?
Ein paar verlieren ihre Stellen,
vermutlich noch mit Frühpension,
und das war es dann auch schon.
Um's Geld für die Entschädigung
drücken sie sich auch herum,
das wird aus Steuergeld beglichen,
noch mehr Soziales dann gestrichen.
Das ganze nennt sich deutsches Recht,
mir wird kotzübel, richtig schlecht.

Bürokratie

Vorschriften, Vordrucke, Vorladung,
Vorname, Vorbesitzer, Vorsteuer,
Vorgaben, Vorabnahme, Vorführung,
Vorkasse, Vorbericht, Vorbehalt,
aber kein Vorbild.

Nachforschung, Nachtrag, Nacherhebung,
Nachzahlung, Nachbelastung, nachkommen,
Nachprüfung, Nachbesitzer, Nachname,
nach Steuern, Nachlaß, Nachuntersuchung,
aber keine Nachsicht.

Einspruch, Eingabe, Einstellung,
Einforderung, Einzahlung, Eintragung,
Einbehalt, Einziehung, Einsetzung,
Einsicht, Einvernehmen,
aber keine Eingebung.

Verordnung, Verfügung, Verfehlung,
Verfolgung, Verhaftung, Vernehmung,
Verschiebung, Vergabe, Vergleich,
Vertagung, Verplanung, Verpflichtung,
aber keine Verehrung.

Die Renten sind sicher

Kaufe dieses, kaufe jenes,
kaufe teu'res, kaufe schönes,
kaufe erst, verdiene dann,
zahle später, irgendwann.

Bau' Paläste, hochmodern,
verschätz' mich in der Planung gern,
zehn Milliarden mehr, was soll es ?
Dafür ist es auch 'was tolles.

Nichts ist für mich gut genug,
zahle auch noch bei Betrug,
nur für die blöde Rentnerschar,
natürlich ist kein Geld mehr da.

Werden ohnehin zu alt,
früher war'n sie eher kalt,
mir fällt schon noch etwas ein,
"Zwangsentseelung" könnt' es sein.

Ich bin der Staat, ich werd's schon richten,
kenne alle meine Pflichten,
für Alte mach' ich keine Schulden,
dieses werd' ich niemals dulden.

Das sicherste ist an der Rente,
an was dauernd ich nur denke:
daß man dieses schöne Geld
anderweitig verplempern könnt'.

Die Spreu

Frau Minister, raffe-geil,
machte einst Karriere, steil.
Macht ihres Amtes, ungeniert,
sie den Ehemann saniert.
Doch jetzt hat's sich aus-ministert,
im hohen Haus hat es geknistert,
die rote Karte gibt's dafür,
rausgeschnitten das Geschwür.

Eine and're, auch nicht dumm,
zieht mit ihrem Hausrat um,
läßt feudalistisch renovieren,
tut überhaupt sich nicht genieren,
vom Steuergeld das zu begleichen,
diese Dame muß man streichen.

Auch nicht besser, ganz weit oben,
wie selbstverständlich wird geschoben.
Der Gatte von der hohen Frau
fährt womit? Jawohl, genau:
mit dem Dienstfahrzeug der Dame,
Ausreden gibt es, aber lahme.

Noch im Schattenkabinett
- besser bliebe sie im Bett -
tönt 'ne and're unverfroren,
Alte hätten nichts verloren,
wenn es um das Wählen geht,
schreibt auch noch ein Buch-Pamphlet.
Wer so Beknacktes fühlt und denkt,
kann man vergessen, ist geschenkt.

Eingerichtet hat es Gott,
gute gibt es und viel Schrott.
Man muß die Spreu vom Weizen trennen,
die Schweinchen schon am Gang erkennen.
Wie die Männer, so die Frauen,
bei manchen kommt einem das Grauen.

Diener

Untertänig, voller Hemmung,
den Mächt'gen wir begegnen, schon,
und das in völliger Verkennung
der existenten Relation.

Amtsträger von uns'ren Gnaden,
sollen die, ich bitte sehr,
uns're Interessen wahren,
nicht weniger und auch nicht mehr.

Diener sind sie von uns allen
in diesem uns'res Landes Haus,
und wenn sie uns nicht mehr gefallen,
dann werfen wir sie einfach raus.

Diese Diener sind recht teuer
und oftmals nicht des Geldes wert,
das wir zahlen mit der Steuer,
wie man täglich uns belehrt.

Auch wenn sie es nicht haben gern,
müssen aufmerksam sie sein
und demutsvoll zu ihrem Herrn,
sonst dürfen sie nicht Diener sein.

Dreckige Hände

Wo eine Hand die and're wäscht,
sind diese meistens dreckig,
in diesem Unterm-Tisch-Geflecht
sind weiße Westen fleckig.

Geschäftsleut' und die Bürgermeister,
Amtsräte und Maler,
geben, nehmen, immer dreister,
berappen muß der Steuerzahler.

Gelder hin und Auftrag her,
wird fast schon als normal empfunden,
niemand weiß wohin, woher,
wer mit wem verbunden.

Reisen in ein fernes Land,
sie tun sich nicht genieren,
mit Amigos Hand in Hand,
muß man sich revanchieren.

Bei so viel Unverfrorenheit,
das wäre doch gelacht,
der Bürger nun durch Schwarzarbeit
auch 'mal ein Schnäppchen macht.

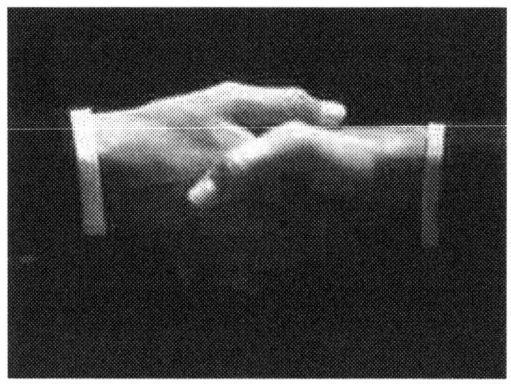

Fürsorge

Da macht sich ein Minister Sorgen,
um Drogendealer, die, verborgen,
in Gummis eingepackt im Magen,
das Rauschgift auf die Märkte tragen.

Das Mittel, das sie reizt zum Kotzen,
gibt Anlaß ihm herum zu motzen,
es könnte der Gesundheit schaden,
"wühlt lieber in der Scheiße Fladen !"

So viel Sorge um die Leute,
wünsche ich mir hier und heute
für die Opfer von Verbrechen,
da kann er aber nichts versprechen.

Ein Paradies für Kriminelle,
vom Staat umsorgt sie hier die schnelle
Mark im Handumdrehen machen
und sich verschmitzt in's Fäustchen lachen.

So Leute wie der Herr Minister
(einmal Opfer werden müßt' er !)
gehör'n aus dem Verkehr gezogen
oder vollgepumpt mit Drogen.

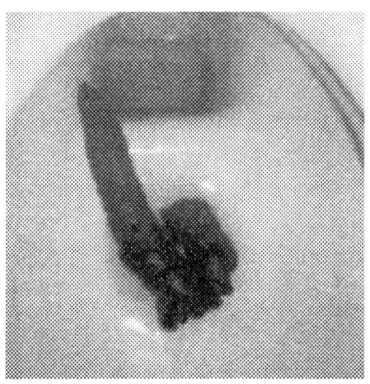

Komplizen

In Butzbach, das ist hier in Hessen,
kann man Sicherheit vergessen,
vor den bitterbösen Knaben,
die locker in die Freiheit traben.

Keiner paßt so richtig auf,
nimmt Folgeopfer gern in Kauf,
und den Gangstern geht's nicht schlecht,
dafür ist jedes Opfer recht.

Sperrt die Verantwortlichen ein,
erstickt den Wahnsinn schnell im Keim,
aber nur in einen Knast,
für den der Name wirklich paßt.

Denn was die hier in Hessen tun,
ist wahrlich wie Komplizentum.
Deshalb heißt es: Mitgegangen,
und folgerichtig: Mitgefangen.

Kosovo

Im Kosovo, im Kosovo,
im Südosten irgendwo,
wurd' ein Schaf vom Wolf gerissen,
ihm die Kehle durchgebissen.
Die and'ren Schafe, gleich auf Trab,
streiften schnell die Felle ab,
und siehe da, im Handumdrehen,
war'n als Wölfe sie zu sehen,
bissen nun den Gegner tot,
und die Erde färbt sich rot.

Der Kosovo, der Kosovo,
im Südosten irgendwo,
ist ein einz'ger Friedhof heute,
schaurig heult die Wölfe-Meute.

Leben ist, wenn man trotzdem lacht

Parlamentarier in Brüssel
Haben einen großen Rüssel.
Mit dem saugen sie sich voll,
bis die Tasche überquoll.
Hab' darüber nachgedacht:
Leben ist, wenn man trotzdem lacht.

Wenn's um Posten geht und Macht,
wird geschachert bis es kracht.
Nicht, was einer kann, ist wichtig,
das Parteibuch muß sein richtig.
Hab' darüber nachgedacht:
Leben ist, wenn man trotzdem lacht.

Insiderwissen, Vorteilsnahme,
alles allererste Sahne,
Deckung aus dem Hintergrund,
so stößt man sich mal schnell gesund.
Hab' darüber nachgedacht:
Leben ist, wenn man trotzdem lacht.

Für der Bananen Krümmungsgrad,
kommt ein Gesetz vom hohen Rat.
Was für Europa wichtig wär',
braucht vom Verstand doch etwas mehr.
Hab' darüber nachgedacht:
Leben ist, wenn man trotzdem lacht.

Von diesem Haus der off'nen Hände,
nur mit Grausen ich mich wende,
vor Europas Zukunft dann,
ist mir wirklich Bange, Mann.
Hab' darüber nachgedacht:
Leben ist, wenn man trotzdem lacht.

Doch wenn's im Hals bleibt stecken,
will nicht raus, nicht um's Verrecken,
dann hab' ich zu viel nachgedacht,
hab' schlußendlich ausgelacht.
Hab' einen neuen Spruch gemacht:
Leben ist, wenn man hat die Macht.

Leere Kassen

Überall die Kassen leer,
wo nehmen wir das Geld bloß her?
Sechs Zehntel nun, prozentual,
für Rentner reichen allemal.
Die Kassen sind noch immer leer,
für Volksvertreter gibt's jetzt mehr,
genehmigen sich fast ein Drittel
Zuschlag auf die satten Mittel.
Ohnmächtig, mit Wut im Bauch,
macht der Bürger dann Gebrauch,
von dem Wahlrecht, nächstes mal,
doch er hat ja keine Wahl.
Wen er auch wählt, es wird ein Flop,
wird enttäuscht meist dreist und grob,
all' die Raffkes und die Flaschen
füllen sich die eig'nen Taschen.
Sparmaßnahmen, Rezession,
leider war's schon immer so,
badet nur der Bürger aus,
nie die Herrn im hohen Haus.
Bei diesem Vorbild wundert's nicht,
wenn mancher mit Gewalt rein drischt,
den Zorn mit Bomben kompensiert,
im Terrorismus sich verliert.

Nach den Opfern fragt man nicht

Hat der Mörder sehr gelitten ?
Die Jugendzeit gefiel ihm nicht ?
Mit den Eltern oft gestritten ?
Nach den Opfern fragt man nicht.

Ist erst zwölf mal vorbestraft,
der Kinderschänder-Bösewicht,
braucht er jetzt noch nicht in Haft,
nach den Opfern fragt man nicht.

Terroristen Bomben schmeißen,
manchmal einen man erwischt,
die Medien sich um ihn reißen,
nach den Opfern fragt man nicht.

Kriminelle Jugendbanden
klauen, was nicht außer Sicht,
sie alle milde Richter fanden,
nach den Opfern fragt man nicht.

Großer Erfolg der Polizei:
sieben Dealer heut' erwischt.
Morgen sind sie wieder frei,
nach den Opfern fragt man nicht.

Die Mafia macht sich breit und breiter,
zeigt ihr gieriges Gesicht.
Machen kann man da nichts, leider,
nach den Opfern fragt man nicht.

Bißchen Giftgas abgelassen,
manchmal kommt's auch vor Gericht,
bei Geldstraf' wird es dann belassen,
nach den Opfern fragt man nicht.

Ach, wie sind wir liberal,
üben immer Rücksicht,
drohen höchstens mal verbal,
nach den Opfern fragt man nicht.

Ein Paradies für Kriminelle,
kaum ein Risiko in Sicht,
macht man hier die Mark, die schnelle,
nach den Opfern fragt man nicht.

Wenn ihr nicht aufwacht und 'was tut,
zu bremsen diese Saat,
ersticken diese böse Glut,
fragt niemand mehr nach euch, dem Staat.

Oben

Alle, die nach oben streben,
sei mit auf den Weg gegeben:
je höher sie dann oben sind,
um so mehr sie werden blind,
für die andern tief im Tal,
sind weit weg von Sorge, Qual.
Auch ist die Luft da oben dünn,
schränkt die Funktionen ein vom Hirn.
Damit sind sie eigentlich,
genau betrachtet unter'm Strich,
denkbar schlechte Volksvertreter,
bewiesen hat das fast schon jeder.

Parteispende - na und?

100.000 Mark ich spende
in absolut integre Hände,
der Partei, die an der Macht
und über Recht und Ordnung wacht.

Natürlich will ich nichts dafür,
auch nicht durch die Hintertür,
'ne Anerkennung für die Leut',
weil mich Schenken eben freut.

Daß ich den riesen Bauauftrag
bekommen hab' am selben Tag,
hat aber nichts damit zu tun,
nun laßt die Sache endlich ruh'n !

Wenn brave Menschen geben, nehmen,
muß man sich dafür nicht schämen,
gehört zur freien Marktwirtschaft,
es lebe hoch die Bruderschaft !

Recht

Vor dem Gesetz sind alle gleich,
doch manche sind etwas gleicher,
besser ist es, wenn du bist reich,
an mächtigen Freunden reicher.

Recht haben heißt nicht, Recht bekommen,
oft ist Unrecht gar geschehen,
Gesetze sind meist sehr verschwommen
und gummiartig auszudehnen.

Der Nabob, reich an Geld und Macht,
zusammen mit den Seinen,
lenkt von sich ab schlimmen Verdacht,
die volle Härte trifft den kleinen.

Wer nichts ist und wer nichts hat,
den kann das Recht zerschlagen,
doch Rücksicht ist dort angebracht,
wo Geld und Macht sich gut vertragen.

So mancher Groß-Betrüger sitzt
bequem in Amt und Würden,
die Mannschaft, mit der er verfilzt,
beseitigte die Hürden.

Im Namen des Volkes, ein zynischer Spruch,
das Volk würde anders entscheiden,
würd' gerne den miesen Geruch
von Beugung des Rechtes vermeiden.

Rechte Richter

Es ist ein unheilig's Geflecht,
wenn rechte Richter sprechen Recht,
über rechte Spießgesellen,
da schlägt ein Urteil schon 'mal Wellen.

Wie man das Recht verbiegen kann,
kommt 'mal zu Tage - dann und wann-,
aber ihre guten Posten
wird's diese Richter schon nicht kosten.

Sie bleiben stets in Amt und Würden,
auch wenn sie treulos Unheil schürten,
wenn auch die ganze Welt entsetzt,
ein solcher wird nicht 'mal versetzt.

Darf weiterhin den Weg bereiten,
wie in alten Nazizeiten,
keiner tut ihm das verübeln,
darüber sollten wir 'mal grübeln.

Sparen

Für Rentner haben wir kein Geld,
auch nicht für Pflegepersonal,
sind finanziell nicht gut gestellt,
sind in einem tiefen Tal.

Kindergärten sind zu teuer,
Polizeibeamte auch,
zieh'n jetzt doppelt so viel Steuer,
aus des Bürgers Taschen 'raus.

Trotzdem müssen wir sehr sparen,
soziale Leistung gibt's nicht mehr,
uns'ren Besitzstand gilt's zu wahren,
"uns" ist das Regierungs-Heer.

Erhöhung der Diäten - wichtig,
sündhaft teu're Häuser bau'n,
neue Posten schaffen - richtig,
der Bürger darf nur neidisch schau'n.

Auch nach Berlin der Umzug
kostet hunderte Millionen.
Bonn ist uns nicht gut genug,
wollen in der Hauptstadt thronen.

Wie Gott in Frankreich woll'n wir leben,
der Bürger zahlt es doch,
und an Privilegien kleben,
das ist selbstverständlich doch.

Stasi

Unsichtbar, verdeckt und tödlich,
funktionierte diese Macht,
überwachte, was nur möglich,
alles, jeden, Tag und Nacht.

Erpressung, Folter und Verrat,
lauschen, spähen, intrigieren,
jedermann in diesem Staat
konnte Haus und Job verlieren.

Inhaftierung und Prozeße,
Gerechtigkeit trat man mit Füßen,
unglaublich miese Rechts-Exzesse,
Nazi-Freißler läßt schön grüßen.

Ein ganzes Volk in Knechtschaft haltend,
in fiesem Machtgebaren,
Stalins Erbe gut verwaltend,
Dissidenten streng verwahren.

Volksfeind ist man schnell gewesen.
Schon ein Witz wurd' krumm genommen,
harmlos erzählt an einem Tresen,
schon ist man in den Knast gekommen.

Stasi-Spießgesellen heute
bleiben weiter unerkannt,
nur ein Bruchteil dieser Leute
wird heut' öffentlich bekannt.

Die Ober-Initiatoren
sind alt, senil und krank,
an denen ist nicht viel verloren,
kratzen ab - Gott sei Dank.

Steuern und kein Ende

Früher gab es Robin Hood,
auch der Wilhelm Tell war gut,
Hoffnungsträger für die armen,
ausgesaugten Untertanen.
Andreas Hofer, Schinderhannes,
da zählte noch die Kraft des Mannes,
aufrecht, mutig und gerecht,
gegen's Obrigkeits-Geflecht.
Heut' heißt er nicht mehr "Untertane",
"Steuerzahler" ist sein Name,
weit und breit kaum Widerstände,
gegen öffentliche Hände,
zieh'n das letzte Hemd ihm aus,
leben selbst in Saus und Braus.
Sehr findig sind die Landverweser,
und die Schulden werden größer,
greifen tiefer in die Taschen
von den Steuerzahler-Flaschen,
die sich das gefallen lassen,
füllen so der Herren Kassen.
Wo sind denn nur die Robin Hoods,
die dieser Macht mit Kraft und Trutz,
'mal endlich in den Hintern tritt,
nur ein Aufruf - ich mach' mit.

Stümper

Wenn einer einmal Bockmist baut,
in der großen Politik,
ihn das nicht gleich vom Sessel haut,
in der Bundesrepublik.

Wenn ein Geschäftsmann disponiert
und dabei danebenhaut,
ist er fertig, ruiniert,
Karriere ist versaut.

Anders, wenn ein Herr Minister
zum Fenster wirft hinaus die Taler.
Sowas macht ihn garnicht trister,
holt den Verlust vom Steuerzahler.

Bleibt in Amt und Würden,
vom Kanzler kommt der Segen,
nimmt locker alle Hürden,
um keinen Deut verlegen.

Milliarden geh'n den Bach hinunter
durch stümperhafte Leute,
vorbei die Zeit vom Wirtschaftswunder
in diesem Deutschland heute.

Todesstrafe

Menschen, die mit Vorbedacht,
andere kalt umgebracht,
sollten hingerichtet werden,
wär' Gerechtigkeit auf Erden.

Wenn's auch nicht abschreckt, ist doch klar,
daß die in Zukunft nicht Gefahr
für potentielle Opfer sind,
ob Mann, ob Frau, ob kleines Kind.

Wenn sie nur Gefängnis kriegen
und uns auf der Tasche liegen,
kommen 'raus sie irgendwann,
niemand garantieren kann.

Jedes Folgeopfer dann,
klagt uns aus dem Jenseits an:
Oh, ihr blinden Liberalen,
mußte mit dem Leben zahlen !

U-Bahn und Staatskarosse

Verdreckte Schuhe auf den Sitzen,
verkehrt herum die Baseball-Mützen,
Kippen rauchend trotz Verbot,
wer sich beschwert, der wird bedroht,
im öffentlichen Nahverkehr
wundert einen garnichts mehr,
Jugendbanden rauben, schlagen,
und manchmal geht's um Kopf und Kragen.
Wie sich diese Brut vermehrt,
weil sich niemand ernsthaft wehrt,
was sie tun bleibt ohne Ahndung,
die Rüpel lachen über Mahnung.
Die Obrigkeit sieht's tatenlos,
verharmlost die Probleme bloß,
denen kann ja nichts passieren,
lassen sich bequem kutschieren,
diese sauberen Genossen,
in pompösen Staatskarossen,
die von uns'rem Geld sie kaufen,
uns bleibt U-Bahn oder laufen.

Ultra-extrem

Ultra-links und rechts-extrem
macht man es sich sehr bequem,
kommt aus mit wenigen Parolen,
propagiert sie unverhohlen.

Doch die Musik spielt in der Mitte,
akzeptiert doch auch 'mal Dritte,
Kompromisse sind gefragt,
jeder seine Meinung hat.

Beteiligt euch mit Rat und Tat
- die Mehrheit hier das Sagen hat -
an konstruktiver Neuerung
und optimaler Steuerung.

Schwört ab extremen Positionen,
die sicher nicht den Aufwand lohnen,
die ganze Kraft wird nur zersplittern,
verkümmern hinter dicken Gittern.

Bringt gute Argumente ein,
hört auch 'mal bei andern 'rein,
so tut ihr mehr in jedem Falle,
für euch, für uns, für alle.

Vom Regen in die Traufe

Die Schwarzen haben Mist gebaut,
das Wahlvolk hat lang zugeschaut,
bis ganz abrupt die Quittung kam,
die Macht in Bonn man ihnen nahm.
Die Roten waren dann am Zug,
mit Grün dann gleich im Höhenflug.
Der Absturz hat schon bald begonnen,
der Wähler Hoffnung schnell zerronnen.
Dilettanten, Egoisten,
bei den Roten, bei den Christen,
versorgen nur sich selbst recht gut,
dem Wahlvolk bleibt die blanke Wut.
Wählt man den Regen, wird man naß.
Oder die Traufe? Auch kein Spaß!
So wähle ich den Sonnenschein,
bleib' bei der nächsten Wahl daheim.
Ach, wenn das doch alle täten,
den Typen in den Hintern träten,
die kriegten dann kein Geld (pro Wähler),
auf Null dann stünde dieser Zähler.
Ich fürchte nur, das wird nicht klappen,
wir würden dann noch mehr berappen.
Das Gesetz würd' neu gemacht,
und der ganze Reichstag lacht:
Rückwirkend würde flugs beschlossen,
von Schwarzen, Grünen und Genossen,
pro Wähler, der nicht wählt, der bockt,
wird das Geld dann abgezockt.

Vorbilder

Raffe, raffe, Schlösser baue',
und auf die Moral net schaue',
wer ehrlich ist, muß blöde sein,
bleibt zeitlebens armes Schwein,
kriegt sein Fett, doch keine Butter,
dient den Haien nur als Futter.
Wenn Betrug und Korruption
vorbildlich ganz oben schon
anerkannt, Erfolg verspricht,
übt bald keiner mehr Verzicht
auf die schnelle Mark im Dunkeln,
wo's bekanntlich gut zu munkeln.
Gewissen gibt es dann nicht mehr,
das ganze Volk ein Gaunerheer.
Jeder muß den Vorteil suchen,
will 'was haben von dem Kuchen,
notfalls mit Gewalt und Tücke,
listig nutzend jede Lücke.
Nur Erfolg und Macht und Geld
zählt noch 'was auf dieser Welt,
Bescheidenheit und Ehrlichkeit
wird verlacht, kommt nicht sehr weit.
Ob Steuergeld, Versicherung,
kaum einer kommt darum herum,
Betrugsverluste auszugleichen,
es trifft die Armen wie die Reichen.
Nur die, die nicht betrügen,
zahlen mit für die, die lügen.

Wohnungsnot

Wohnungen gibt es in Massen,
allerdings nur Ober-Klassen,
sechzig Mark pro Tag vom Lohn,
für den Durchschnitt blanker Hohn.

Soziale Bauten gibt es auch,
die sind alle in Gebrauch,
von inzwischen gut betuchten,
die sich halt nichts and'res suchten.

Der Mehrpreis wegen Fehlbelegung,
der wird bezahlt, fast ohne Regung,
ist's doch immer noch recht preiswert,
Beschwerden hat man nicht gehört.

Die eine solche Wohnung bräuchten
bleiben weiter die Enttäuschten,
denn vom Zusatz-Geld, man staunt,
der Staat nicht eine Wohnung baut.

Auch auf dem Wohnungsmarkt, privat
- Bauwillige vergrätzt der Staat -,
kann sich nichts zum Guten wenden,
pro Wohnung tausend Int'ressenten.

Erst wenn alle Wohnungslosen
auf den Rasen, neben Rosen,
vor den Villen nachts kampieren,
wird vielleicht etwas passieren.

Umwelt und Natur

Atom-Müll

Elemente, abgebrannt,
als Atom-Müll uns bekannt,
mit extremer Halbwertzeit,
gefährlich bis in Ewigkeit.
Wenn tief im Berg sie deponiert,
kurzfristig sicher nichts passiert,
von Unfall einmal abgesehen.
Das kann schon beim Transport geschehen,
wenn zum Beispiel radikale
Gegner von Atom-Kraft, fahle,
Schienenstränge sabotieren,
die der Transportzug soll passieren.
Die Ängste von den friedlichen
soll man nicht verniedlichen,
wir basteln uns da selbst die Fallen.
Kein Alarmton wird erschallen,
denn dieser Tod kommt furchtbar leise,
nimmt jeden mit auf seiner Reise.

Schießt den Müll doch auf den Mond,
dafür jeder Preis sich lohnt,
ein Raumfahrzeug der Müllabfuhr
geht einmal monatlich auf Tour.

Auto

Von A nach B soll es mich bringen,
manchmal will es nicht gelingen,
springt er nicht an, der Klapperkasten,
bin ich nah am aus zu rasten.

Wenn der Bolide aber brummt,
das Motörchen munter summt,
fühle ich mich wie ein König,
and're zählen dann nur wenig.

Aus dem Weg, du taube Nuß,
daß der auch so schleichen muß!
Sieh 'mal diesen Vollidiot,
sitzt am Steuer, schon halb tot.

Stinkefinger hochgereckt,
den Hals herum, nach rechts gereckt,
dem Gegner es 'mal richtig zeigen,
in voller Fahrt die Meinung geigen.

Da ist doch diese Radarfalle,
kennen doch inzwischen alle,
kurz 'mal runter von dem Gas,
danach mit vollem Dampf ich ras'.

Oh, ich bin zu früh gestartet,
kurz später mich ein Cop erwartet,
winkt mich 'raus mit einer Kelle,
kostet Bares - auf die Schnelle.

Hol' die Zeit jetzt wieder 'rein,
krieg fast rechts 'n steifes Bein,
fege alles von der Spur,
das ist Autofahren pur.

Hupe und auch die mit Licht,
lassen keinen Zweifel nicht.
Wirst du dich nicht nach rechts begeben,
riskierst du heute Leib und Leben.

So ein Trottel will nicht weichen,
trotz meiner deutlich', klaren Zeichen.
Ich hab' ihn dann rechts genommen,
das ist mir garnicht gut bekommen.

Ein and'rer ist da rechts gefahren.
Wo eben noch die Autos waren,
sah ich nur Grünzeug und 'nen Baum,
so endete mein Auto-Traum.

Sitz' jetzt in Autofahrers Hölle,
auf einer riesengroßen Welle,
von Opfern des Verkehrs da oben,
Klagelieder rundum toben.

Das Öl ist alle

Hat jemand schon 'mal nachgedacht,
was die Menschheit nachher macht,
wenn in zwei bis drei Jahrzehnten,
der Ölvorrat beginnt zu enden ?

Kalt wird's werden in den Stuben,
nur die bitterbösen Buben,
rauben, stehlen und ermorden,
weil kein Licht ist allerorten.

Transportiert wird auch nichts mehr,
auf den Straßen null Verkehr,
die Nahrungszufuhr abgeschnitten,
da hilft kein Betteln und kein Bitten.

Hunger, Kälte wird dann thronen
in den Industrienationen,
wo man früher noch mit Macht,
die Atomkraft abgeschafft.

Ein bißchen Sonne, wenig Wind,
als Ersatz nicht brauchbar sind,
zumal man's nie so recht kapierte
und darin kaum investierte.

Wir leben in der heut'gen Welt,
wie einer der vom Hochhaus fällt,
und denkt bei jedem Stock mit Bangen:
bis jetzt ist's ja noch gutgegangen.

Der Beweis

Der Mensch ist von Gott aus Erde erschaffen,
die Wissenschaft kann darüber aber nur lachen.
Der Mensch - wenn gestorben - wird wieder zu Erde,
das ist bewiesen, keine Beschwerde.
Immer mehr Menschen leben und sterben,
der Erdball müßt' dick und dicker werden.
Daß dies nicht geschieht ist ja nicht schlecht,
es ist auch Beweis: die Bibel hat recht.

Der Hof

Der Ball ist rot, mit weißen Tupfen,
das Kind im Hof spielt mit ihm Hupfen.
Der Ball springt hoch, er kommt zurück,
er ist des Kindes ganzes Glück.

Mit Füßen, Händen, Köpfchen,
den Ball, auch durch die Beine,
es fliegen wild die Zöpfchen,
vor Freude jauchzt die Kleine.

Doch dann springt der Ball auf die Straße,
das hüpfende Kind hinterher,
es herrscht ein dichtes Gerase,
den warnenden Ruf hört's nicht mehr.

Das Kind will nur spielen, den Ball nur im Kopf,
es kennt die Gefahren noch nicht,
rennt in's Verderben mit wehendem Zopf,
Glückseligkeit steht im Gesicht.

In einer Sekunde ist alles vorbei,
das schwarze Auto, das große,
spaltet das Köpfchen glatt entzwei,
der Leichnam fliegt in die Gosse.

Der rot-weiße Ball liegt daneben,
im Hof breitet Stille sich aus,
verlassen vom fröhlichen Leben,
zieht Trauer ein in das Haus.

Der Jüngste Tag (oder: Das Ozonloch)

Schnell wie das Licht und ohne Laut,
die Wesen an Bord mit grasgrüner Haut,
das Raumschiff aus fernen Sonnsystemen,
nähert der Erde sich gleich einem Schemen.
Die Weltraumpatrouille hat einen Befehl:
die Erde vernichten, und das möglichst schnell,
den Weltraum befreien von dieser Bazille,
das war des Rates des Weltalls sein Wille.
Zweitausend Jahre hat man gewartet,
tausend Patrouillen zur Erde gestartet,
doch was man dem Rat stets berichtete,
jegliches Wohlwollen langsam vernichtete.
Es wurde von mal zu mal schlimmer,
die Meinung war klar: so geht's nimmer.

Das Raumschiff steht jetzt in Schußposition,
die Terminatoren bereiten sich schon
zum atomisieren des Erdenballs vor,
die Totenmesse singt ein schauriger Chor.

(wie die Geschichte auch ausgehen könnte):

Bevor das Werk jedoch war vollendet,
wurde der Erde Aufschub gespendet.
Das Raumschiff stürzt' in's Ozonloch hinein,
verglüht in der Arktis in flammendem Schein.
Seitdem tun die Menschen jetzt täglich noch mehr,
dies Loch zu vergrößern als Falle und Wehr.

Eiszeit

Wütend fegte der Nord-Ost
den Schnee in weiße Gischt,
es fraß der eis'ge Frost
sich beißend in's Gesicht.

Die Welt erstarrt' im Eise,
sie wurde wüstengleich,
der Sturm zog seine Kreise,
erschuf ein neues Reich.

Ein Reich, so tödlich schön bizarr,
so weiß und klirrend kalt.
Das Leben wurde stumm und starr
und war vernichtet bald.

Doch als der Sturm die Kraft verlor,
die Sonne wieder glühte,
da brach es aus dem Eis hervor,
ein Krokus neu erblühte.

Garten Eden

Zurück zur Natur, die Devise war knapp,
schafft Auto, Flugzeug, Motorräder ab,
Atomkraft, Kohle, Öl und Benzin,
man beschloß es dermaleinst in Berlin.
Politiker und Wissenschaft
haben endlich Schluß gemacht,
mit dem Mord an der Natur,
und es kam zum "Klima-Schwur".
Die Beschlüsse wurden dann
umgesetzt für jedermann.
Es gingen alle Lichter aus,
die Menschen blieben still zu Haus',
himmlische Ruhe kehrte ein,
die Luft wurd' frisch und klar und rein.
Was früher trist und grau gewesen,
ist an der Aktion genesen,
die Welt erblüht' zum Garten Eden.

Fast alle Menschen gingen ein,
zu wenig Nahrung, kaum Arznei'n,
sie sind verhungert und erfroren,
die Welt gesund, der Mensch verloren.
Er konnt' das Leben nur genießen,
als er des Paradies' verwiesen.

Gen

Ich bin das Gen, ich freu' mich schon,
das ist ja endlich machbar,
auf meine Manipulation,
zusammen mit mei'm Nachbar.

Wir werden optimal verkettet,
das Erbgut ist jetzt ideal,
ob das die Menschheit rettet,
vor Hunger, Krankheit, Qual ?

Man züchtet mit uns Riesen
für Hochsprung, Basketball,
auf immergrünen Wiesen,
das Obst wächst groß und prall.

Man züchtet Krieger ohne Nerven,
und ohne ein Gewissen,
kann sie in die Schlachten werfen,
bis sie dort zerrissen.

Vom Fließband laufen immer neue,
in gleicher Machart sie geklont,
sie kennen keine Reue,
kein Gegner wird verschont.

Auch produziert man Denker
mit blendendem Verstand,
und setzt sie ein als Lenker
für unser Vaterland.

Ein kleiner Fehler, ein Defekt
ist jetzt passiert mit Drohnen,
drei Meter lang ist das Insekt,
es gibt es zu Millionen.

Da helfen keine Krieger
und auch keine Denker,
die grauenhaften Flieger
werden uns're Henker.

Herbst

Rot und golden im herbstlichen Wind,
die Blätter wirbeln im Kreise.
Des Tages Helle jetzt schneller verrinnt,
Gewittergrollen noch fern und noch leise.

Teils diesiger Regen, teils heftige Schauer,
mit böigen Winden im trauten Verbund,
im glitschigen Matsch an der Friedhofsmauer
streunt ein einsamer Hund.

Weiß-grauer Nebel - fast wie Gespenster -,
sich mit dem Regen vermischt,
man hört nur das Prasseln am Fenster,
verdeckt ist nun jede Sicht.

Der Wind wird stärker, schwillt an zum Orkan,
bricht Sträucher und Bäume zu Hauf,
der Nebel weicht wütend der tödlichen Bahn,
heulend nimmt der Sturm seinen Lauf.

Daheim, am wärmenden Kamin,
fühlt man sich jetzt mehr geborgen.
Der Sommer ist endgültig dahin,
wie wird das Wetter wohl morgen ?

Insekten

Vor hunderten Millionen Jahren,
vor unvorstellbar langer Zeit,
auf Erden schon Insekten waren,
genügsam, clever, kampfbereit.

Ohne jede Schmerzempfindung,
in absolut sozialer Bindung,
trotzend den Natur-Gewalten,
konnten sie die Art erhalten.

Der Mensch, der erst viel später kam,
nahm sich da kein Beispiel dran,
glaubte, daß er's besser weiß,
baute fortan nur noch Scheiß'.

Bewegt sich in die falsche Richtung,
sein Ziel ist restlose Vernichtung
der Basis, die er braucht zum Leben,
die wird ihm niemand wiedergeben.

Die Gifte, die er produziert,
Insekten nur am Rand geniert.
Schon die übernächste Brut
ist resistent, der tut's dann gut.

Der Mensch, der wird's nicht überleben,
im Konkurrenzkampf unterlegen,
das Insekt wird Herr der Welt,
der der Mensch zum Opfer fällt.

Katastrophe

Stampfend das Schiff durch die tobende Flut,
den Weg sucht zum rettenden Hafen,
Poseidon schlägt zu in rasender Wut,
Profitgier und Leichtsinn zu strafen.

Das Schiff ist sehr alt, überall nagt der Rost,
trotzt kurz nur den rauhen Gewalten,
die Mannschaft genügsam mit Heuer und Kost,
kann bald schon das Schiff nicht mehr halten.

Ein Brecher, zweimal so hoch wie ein Haus,
schlägt dem Schiff seine tödlichen Wunden,
kein Mann kommt lebend da noch heraus,
der Seelenverkäufer sinkt in Sekunden.

Zerbricht in zwei Teile, die Ladung wird frei
und nimmt ihren tödlichen Lauf:
schwarz färbt sich die See rund um Norderney,
Fische und Vögel sterben zu Hauf.

Auch auf dem Land setzt ein Ölfilm sich nieder,
katastrophal wird die Lage der Leute,
der Sturm peitscht das Öl auf das Land immer wieder,
Poseidons Rache macht fette Beute.

Der Reeder - leider nicht an Bord -
geht niemandem in die Netze,
beruft sich nur mit einem Wort
auf Panamas Gesetze.

Manta-Willi

Manta-Willi, dieser Tor,
ist ein Auto-Narr.
Schenkeldick das Auspuffrohr,
wo früher 'mal ein dünnes war.

Spoiler vorne, Spoiler hinten,
tiefgelegt bis auf die Erde,
hochgetunt mit allen Finten,
hundertsechsundachtzig Pferde.

Rot-metallic - aggressiv,
Reifenbreite ganz extrem,
Lenkrad Leder und sportiv,
Sitze sportlich, hart, bequem.

Musikanlage - hundert Watt,
mit vier Boxen im Verbund,
Motordröhnen rund und satt,
verscheucht auf Meilen jeden Hund.

Bei jedem Start die Reifen qualmen,
bringt locker neunzig Decibel,
Passanten flüchten auf die Palmen
und warten, bis es wieder hell.

Die letzte Fahrt war gestern Nacht,
mit Tempo hundertdrei,
frontal an eine Wand gekracht,
Manta-Willi - nur noch Brei.

Mein Freund der Baum

Schon Alexandra einstmals sang,
und Wehmut in der Stimme schwang,
von ihrem Freund, dem Baum, der starb,
dadurch die Laune ihr verdarb.

Man bracht' ihn um im Morgenrot,
er war auf der Stelle tot,
man fällte ihn mit Axt und Säge,
jetzt ist er niemand mehr im Wege.

Nur mein Herz vermisst ihn nun,
meine Seele will nicht ruh'n,
ein Stück Natur ist mir genommen,
ein bißchen Öko-Traum zerronnen.

Ach ja: Warum er sterben mußte?
Weil er an einem Orte fußte,
wo man noch einen Parkplatz braucht,
ab heute dort ein Diesel raucht.

Morgenrot

Der Himmel brennt in roter Glut,
bekommt der Menschen Seele gut.
Was grau in grau war bis zuletzt,
mit rosa Schleier nun benetzt.
Der Tag bricht an mit warmem Feuer,
es ist mir aber nicht geheuer,
erlischt es doch nach kurzer Zeit,
und alles wieder grau erscheint.
Doch zehn Minuten Illusion
reichen meiner Seele schon,
den tristen Alltag zu ertragen,
den Tag zu meistern, nicht zu klagen.

Natur 2020

Über Felder, über Stoppeln,
keine flinken Hasen hoppeln,
denn man hat sie umgebracht,
nicht an ihre Art gedacht.

In den Flüßen, in den Meeren,
keine Fische mehr verkehren,
denn man hat sie umgebracht,
nicht an ihre Art gedacht.

Hoch im Baum und auf dem Dach,
zwitschert uns kein Vogel wach,
denn man hat sie umgebracht,
nicht an ihre Art gedacht.

In toten Wäldern, grau und leer,
springen keine Rehe mehr,
denn man hat sie umgebracht,
nicht an ihre Art gedacht.

In Teichen voller Dreck und Teer,
schwimmen keine Enten mehr,
denn man hat sie umgebracht,
nicht an ihre Art gedacht.

In den Städten, in den Straßen,
sich die Menschen selbst vergasen.
Auch diese Art wird untergehen,
das Ende ist schon abzusehen.

Regen

Grauer Himmel, schwerer Regen,
tagelang und pausenlos,
Sturm und Böen heftig fegen
die Wassermassen furios.

Vorher still und friedlich fließend,
schwillt der Fluß jetzt an zum Strom,
sich über Wälle schnell ergießend,
erreicht die ersten Häuser schon.

Vom Sturm gepeitscht die Wassermassen,
kein Hemmnis hält sie auf,
fluten durch die engen Gassen,
alles vernichtend ist ihr Lauf.

Autos werden hochgeschwemmt
und von den Fluten fortgerissen,
nichts, was sich dagegen stemmt,
die Wasser in die Häuser fließen.

Mit Wellen, peitschend, aufgewühlt,
so später man berichtet,
wird der Ort nun weggespült,
mit Mann und Maus vernichtet.

Von Zeit zu Zeit zeigt die Natur
was Menschen-Technik wirklich wiegt.
Vier Tage Dauerregen nur,
und alles schon am Boden liegt.

Ruhe auf Erden

Im Jahre zweitausendeinhundertvier
lebten auf der Erde hier
acht Millliarden Menschenkinder,
wie im engen Stall die Rinder.
Überall wurd' knapp das Brot,
die Hälfte starb den Hungertod.
Die Luft vergiftet und verstrahlt,
ein Großteil mit dem Leben zahlt,
übrig blieben zwei Millionen.
Von denen wollte jeder thronen,
die Macht ergreifen auf der Erde,
auf daß alles besser werde.
Ein fürchterlicher Krieg begann
und, bevor man sich besann,
blieben nur noch zwei am Leben.
Die wollten dann vernünftig streben,
nach einer heilen Welt voll Glück,
doch verbaut war das Zurück.
Fast alles auf der Welt war tot,
blutig oder giftig rot,
da brachten sich die beiden um,
Ruhe auf Erden, rundherum.

Samstag Nacht

Junges Leben, Übermut,
heiße Rhythmen, wallend Blut,
harte Drinks und weiche Drogen,
die Leiber wie in Trance verbogen.

Irgendwann in dieser Nacht,
man auf den Weg nach Haus' sich macht.
Kleines Auto, aber schnell,
am Horizont wird's langsam hell.

Enge Straße, kurvenreich,
Morgendunst, dem Nebel gleich,
wie im Kopf des jungen Fahrers,
dann der Unfall, und das war es.

Das wallend Blut fließt nun nach außen,
Helfer sehen es mit Grausen.
Vier tote Kinder - weggebracht,
wie meistens in der Samstagnacht.

Verstümmelte Körper in blechernen Särgen,
Sanitäter können die Reste nur bergen.
Der Sensenmann hat wieder 'mal gräßlich gelacht,
in dieser scheußlichen Samstag Nacht.

Mütter weinen Samstag Nacht,
wenn die Botschaft wird gebracht,
daß die Kinder umgekommen,
das Liebste ihnen nun genommen.

Ein Kreuz, ein paar Blumen in der Kurve am Baum,
Erinnerung, Mahnung, helfen wird's kaum.
Es wird wieder Samstag, es wird wieder Nacht
und die Jugend tut das, was sie immer gemacht.

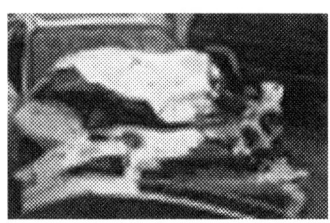

Ufo

Das Ufo landete um halb drei,
zur Erkundung der Erde waren Weise dabei.
Die stiegen auch aus und tapsten umher,
auf ihren drei Beinen, mit Strahlengewehr.
Doch niemand bedrohte die seltsamen Fremden
in ihren silberglänzenden Hemden,
die Erdenbewohner kamen freundlich heran,
man gegenseitig Sympathien gewann.
Was die Fremden hoch erfreute,
waren diese netten Leute,
unberührt auch die Natur,
die Luft so rein, so klar und pur,
die Erde ist der Garten Eden,
so der Inhalt ihrer Reden.
Beeindruckt verließen sie diesen Garten,
ein paar Kühe dabei im Staunen verharrten,
auf der einsamen Alm in der Höhe der Alpen
sah man noch nie so verrückte Gestalten.

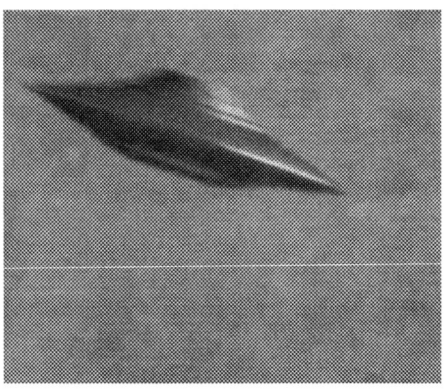

Werbung

Sieben mal in einer Stunde,
Zahnarztfrauen, Kühe, bunte,
Joghurt fressend Werbe-Fuzzis,
und die Schokoladen-Muttis.

Das Sender-Logo, das mich stört
und nicht zum schönen Film gehört,
wird bei der Werbung ausgeblendet,
daß es den "tollen" Spot nicht schändet.

Die Phonzahl wird gemein erhöht,
die Werbung durch die Häuser dröhnt,
Ärger zieht in's traute Heim,
kann nicht der Sinn der Sache sein.

Erdnuß-Tänzer, Tank-Idioten,
polizeilich nicht verboten,
Waschen, reiner noch als rein,
wie blöd muß nur der Kunde sein ?

Dr. Best im weißen Kittel,
recht ist denen jedes Mittel,
Baby pinkelt Papa an,
für die Sony-Handycam.

Dann kommt: Otto find' ich gut,
mich erfasst die blanke Wut,
ist schon zum achten male dran,
kauf' künftig nur bei Neckermann.

Wasserdichte Damenbinden,
die junge Frau'n so herrlich finden,
Windel-Technik, hochmodern,
haben uns're Kleinsten gern.

Schöne Menschen trinken Rum,
nichts für mich - eben drum,
tolle Frau mit Rouge-Gesicht,
bei andern hilft es sicher nicht.

Autos aus dem Paradies,
Lutschbonbons, wenn's Wetter mies,
alles x-mal wiederholt,
fühle mich extrem verkohlt.

In diesem ganzen Werbetrubel,
am liebsten gäb' ich mir die Kugel,
schalt ich weg per Infrarot
und schmier' mir noch 'n Butterbrot.

Wetter

Vom Westen kam's daher, das Tief,
ich merkt' es nicht, weil ich noch schlief.
Jetzt, wo ich aus dem Fenster schau',
seh' ich alles grau in grau.
So ein tiefes Tief zu sehen,
kann schon an die Nerven gehen.
Und wieder 'mal ging die Prognose
vom Wetteramt voll in die Hose.

Winter

Ein Laken, blütenweiß,
legt sich auf Berg und Tal,
das Sonnenlicht in grellem Gleiß
beleuchtet Bäume, Sträucher – kahl.

Wie verzaubert die Natur,
fast bizarr und unreal,
glänzend weiß ist Wald und Flur,
die Szenerie monumental.

Wie Schmuck aus Glas die Eisgebilde
als Blumen und als Zapfen,
Väterchen Frost führt sie im Schilde,
knietief durch den Schnee wir stapfen.

Die Luft so klar und eisig kalt,
beißt in Nasen und in Ohren,
dringt durch Kleider mit Gewalt,
Hände, Füße - halb erfroren.

Der Mensch, vermummt in Pelz und Wolle,
als schwarzer Punkt im weißen Reich,
spielt nur die Statistenrolle,
die Nasen rot, Gesichter bleich.

Von der Natur erfasst mit Macht,
wandern die Gedanken ab,
ein Leichentuch die ganze Pracht ,
die Welt darunter – wie ein Grab.

Matsch wird es am Ende sein,
graubraun, widerlich und naß,
mit feuchter Kälte im Verein,
trist und dreckig, düster, blaß.

Zugvögel

Wunderschöne kleine Wesen,
farbenprächtig Federkleid,
wär'n so gern bei uns gewesen,
in der warmen Jahreszeit,
jedes Jahr auf's Neue,
übermütig tirilierend,
auf daß sich unser Herz erfreue,
Freiheit, Leben demonstrierend.
Doch es gelingt nicht allen,
für viele ist Italien Ende,
sterben in gemeinen Fallen,
gelegt durch Menschenhände.
Qualvoll enden sie in Netzen,
hilflos, wehrlos die Geschöpfe,
die Jäger sie dann grob zerfetzen,
reißen Zungen aus den Köpfen.
Die Gourmets bedanken sich,
bezahlen auch sehr gut,
verstehe es wer's will - ich nicht,
mich packt die kalte Wut !

Zukunft

Ich mach' mir wirklich keine Sorgen
um die Zukunft, um das Morgen,
es kann passieren, was auch will,
ich bleib' ruhig, ich bleib' still.
Ich lebe in den Tag hinein,
laß' Gott 'nen braven Mann heut' sein,
Existenzangst kenn' ich nicht,
auch, wenn die Welt zusammenbricht,
das kann ich einfach ignorieren,
hab' absolut nichts zu verlieren,
Zukunftsängste ich nicht kriege.
Warum? Ich bin 'ne Eintagsfliege!

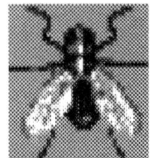

Zurück zur Natur

Zurück zur Natur,
Luft, Wasser nur pur,
der Geldbeutel leer,
das Leben wird schwer,
aber gesund,
alles schön bunt,
den Grünen sei Dank,
man sitzt auf der Bank
vor der Arbeitsamt-Tür,
die tägliche Kür.
Es gibt keinen Job
für gewöhnlichen Mob.
Die Industrie geht in's Ausland,
weil sie herausfand,
dort ist es viel besser,
ernährt dort die Esser.
Wir pflanzen Gemüse
und Pfirsiche, süße,
sterben gesund
mit der Hand noch im Mund.

Tierisch

Aus dem Tierreich

Der Leuchtkäfer strahlt,
in Wollust sich aalt,
das Weibchen strahlt auch,
es leuchtet der Bauch.
Obwohl er vernarrt,
er mit Vorsicht sich paart.

Haus aus Holz,
Termite stolz,
dringt ganz allein
in Balken rein.
Termite satt,
das Häuschen platt.

Der weiße Hai am Badestrand,
schnappt sich erst 'mal eine Hand.
Die Probe hat ihm zugesagt,
da hat am Bauch er 'rumgenagt,
war schlußendlich ganz versessen,
hat ratzeputz dann aufgegessen.

Die Antilopen, wie der Wind,
aus dem Blick verschwunden sind,
wenn ein Löwe, so ein träger,
spielt den Antilopenjäger.
Nur die lahmen und die kranken
kommen unter seine Pranken.
So funktioniert's in der Natur,
der Starke schlägt den Schwachen nur.

Camel

Das Dromedar sprach zum Kamel:
guck' mich nicht so an, so scheel,
nur, weil du zwei Höcker hast,
mit denen du so gerne praßt.
In Wirklichkeit bin ich der Star,
mach' dir das bitt'schön einmal klar:
milliarden Schachteln Zigaretten
dich gern abgebildet hätten,
doch ich seh' besser aus als du,
du fette, alte Trampelkuh.
So hat man mich dafür genommen,
den Model-Thron hab' ich erklommen,
bin auf der ganzen Welt bekannt,
was sagst du jetzt, ich bin gespannt ?!

Das Kamel nur müde lächelt:
wer nach dieser Marke hechelt,
nennt meinen Namen, fragt nach mir,
keine Sau verlangt nach dir !

Der alte Hirsch

Es war einmal ein stolzer Hirsch,
immer der erste auf der Pirsch,
stieß sich seine Hörner ab,
hielt die Weiblichkeit auf Trab.

Später wurd' er etwas müder,
es schmerzten ihn diverse Glieder.
Geweih wurd' stumpf, die Beine schwer,
auch klappt's nicht mehr mit dem Gehör.

Wenn heut' ihn 'mal die Lust verleitet,
die freie Wildbahn er beschreitet,
bekommt er prompt dort einen Tritt
und zieht erschrocken sich zurück.

So lebt er in Erinnerungen,
was alles früher ihm gelungen.
Mit Wehmut übt er nun Verzicht,
und Weisheit steht ihm im Gesicht.

Der Schwan

Majestätisch schwimmt der Schwan,
zieht im Weiher seine Bahn,
und wo man Brot in's Wasser schmeißt,
er vornehm nach der Beute greift.
Enten zieh'n sich schnell zurück,
meist genügt ein einz'ger Blick,
die ganze Haltung zeigt es an,
daß hier nur einer Chef sein kann.
Ein stolzes Tier und würdevoll,
von Kopf bis Fuß und Zoll für Zoll.
Bösen Menschen und selbst Hunden
schlug im Notfall er schon Wunden.
So viel Klasse, Würde, Mut,
in diesem edlen Tiere ruht,
daß kaum ein Mensch, ob Frau, ob Mann,
sich ernsthaft daran messen kann.

Die Fliege

Bei Neil Armstrong, unter'm Kragen,
flog ich in den Weltraum fort,
wollte auch 'mal etwas wagen,
entflieh'n dem faden Alltagstrott.

Beschwerlich war für mich die Reise,
hatte kaum etwas zu mampfen,
besonders meine Lieblingsspeise
ließen die verdampfen.

Doch endlich war es dann so weit,
wir landeten in großem Bogen.
Kurz vor dem großen Schritt der Menschheit,
bin ich schon rausgeflogen.

Das erste lebend' Erdenwesen,
das je den Mond betrat,
bin ich Fliege doch gewesen,
was man nie gewürdigt hat.

Ein bißchen hab' ich mich geniert,
aber nur so zum Beweis,
hab' ich die Fahne leicht verziert,
mit einem kleinen Tupfer Scheiß'.

Fische

Zwei Fische gingen 'mal auf Reise,
rund um die Welt in großem Kreise.
Zurück war'n sie nach zehn Sekunden,
da haben sie herausgefunden,
daß sie beengt sind und warum ?
Sie schwammen im Aquarium.
Worauf zum Trost der eine fand:
ernähr' dich redlich, bleib im Land.

Höhenflug

Der Adler sprach zum Kolibri:
so hoch fliegen kannst du nie,
wie ich mit meinen starken Schwingen,
nur mit Kraft kann das gelingen.
Der kleine Kolibri, verschmitzt,
dem Adler auf dem Rücken sitzt:
es muß kein starker Flügel sein,
wenn man sein Gehirn setzt ein.
Mit Köpfchen bin ich überlegen,
brauchst deshalb dich nicht aufzuregen.

Sex-Probleme

Der Kater sprach zur Katz':
komm' doch 'mal her, mein Schatz,
wir wollen kleine Kätzchen machen !
Da fing die Katze an zu lachen:
wie soll das geh'n, du bist kastriert,
du hast dich neulich erst blamiert.
Da brach der Kater aus in Tränen:
mußtest du das jetzt erwähnen ?
Vor Mitleid sich die Katze wendet,
Bereitschaft sie dem Kater sendet,
so wurd's noch eine schöne Nummer,
ohne Nachwuchs, ohne Kummer.

Überleben

Der Papagei konnt' fließend spanisch,
französisch, englisch und japanisch,
das alles hat ihm nichts genutzt,
als in die Katze hat verputzt.
Und die Moral von der Geschicht':
was du nicht brauchst, das lerne nicht.
Nutz' die Zeit mit Fleiß und Streben,
zum lernen für das Überleben.

Limericks

Die Mafiosi der Parteien,
die dem Bürger nichts verzeihen,
tricksen und lügen,
heucheln, betrügen,
man könnte vor Übelkeit dauernd nur speien.

Da gibt's einen Mann mit Namen Trittin,
der sitzt wie die Made im Speck in Berlin.
Dienstwagen parat,
die Kosten er spart,
das Volk zahlt jetzt mehr für Benzin.

Ein Mann namens Maier geht baden
und läßt von der Sonne sich braten.
Die Haut wird ganz rot,
qualmt wie ein Schlot,
er hat auch im Hirn noch 'nen Schaden.

In Hamburg einst ein Leichtmatrose,
den juckt' es einmal in der Hose,
ergab sich dem Suff,
und ging in den Puff,
nicht ganz billig sie war, diese Chose.

Die Panik war groß - und das Geschrei:
"Am Anfang 2000 ist alles vorbei !!"
Die Computer sind Profis,
die Menschen die Doofis,
sie lesen die Zukunft aus gegossenem Blei !!

Es lebt da ein Mann in der Steiermark,
der macht sich recht häufig die Eier stark.
Mit Viagra und Ei,
was ist schon dabei,
und grapscht nach den Mädchen am Weiher im Park.

Das Spendengeld munter und ungeniert
wird auf Parteikonten heimlich placiert.
Die Hände sind dreckig,
die Koffer sind eckig,
mit denen das Geld dort wird hintransportiert.

Ein komischer Kauz in Saarbrücken,
den taten die Mädchen entzücken.
Er war richtig heiß,
und um jeden Preis
wollt' er sie alle mal ganz feste drücken.

Ne Frau aus Ostfriesland hoch oben im Norden
ist neulich zum ersten Mal Mutter geworden.
Das ist ihr peinlich,
denn man ist dort recht kleinlich,
in ihrem sehr strengen katholischen Orden.

Wer in Deutschland hat die Macht,
sich heimlich meist in's Fäustchen lacht.
Privilegien, gute Posten,
lauter Spesen, keine Kosten,
und raffen bis die Schwarte kracht.

Ein Schulbub mit einer gehörigen Macke,
im Kopf statt Gehirn wahrscheinlich nur Kacke,
schießt und trifft Leute,
was ihn erfreute,
gnädig verzeih'n wird man diese Attacke.

Weisheiten

Der Weg

Der Marsch durch das Leben zu zweit
beginnt meist auf einem hohen Berg,
auf einem scheinbar gut befestigten Weg,
der dann in ständigem Auf und Ab
in einen holprigen Pfad übergeht,
um im grünen Tal auf eine gut ausgebaute,
weitgehend gerade Straße zu münden.
Auf der anderen Seite des fruchtbaren Tals
steigt die Straße wieder an,
der Weg wird mühsamer und immer steiler,
windet sich durch viele naturgegebene Hindernisse,
bis einer keine Kraft mehr hat und zurückbleibt.
Der andere schleppt sich,
mit dem Gepäck des Partners zusätzlich belastet,
das letzte Stück des Weges alleine bis zum Ende desselben.

Wenn Dir beim Staat ‚ne Restschuld bleibt,
er ganz schnell die Vollstreckung treibt,
steht der Staat in Deiner Schuld,
wappne Dich mit viel Geduld.

Wenn der Staat mehr Gelder braucht,
damit im Amt der Schornstein raucht,
wird er Deine letzten Kohlen
direkt aus Deinem Keller holen.

Mit jeder Spende für die Armen,
die Du gegeben aus Erbarmen,
wird ein Reicher fett am Ende,
denn dort landet Deine Spende.

Nicht, was Du bist und kannst ist wichtig,
all Dein Bemühen ist da nichtig,
im Leben hier zählt ganz allein,
der aufgesetzte, schöne Schein.

Da der größte Teil des menschlichen Gehirns
fast ununterbrochen auf irgendeine Weise mit
dem von der Natur gegebenen Trieb zur Erhaltung
der menschlichen Rasse beschäftigt ist, ist es nicht
weiter verwunderlich, daß mit dem kläglichen Rest
fast nur noch Mist produziert wird.

Mengenlehre: 90% der Menschen halten sich selbst
nicht, aber 99% der Menschen für blöd.

Ehrlichkeit ist ja ganz schön,
doch immer wieder kann man seh'n:
Reich und mächtig wirst Du nur –
auf die miese and're Tour.

Wenn man so garnichts recht kapiert,
und sich trotzdem nicht geniert,
gibt es einen guten Trick:
Man geht in die Politik.

Ein guter Lehrer ist das Leben,
es kann uns sehr viel Weisheit geben,
doch manche lernen nichts dazu,
und gehen dumm zur ew'gen Ruh.

Wer nicht hören will, muß fühlen
und dann seine Beulen kühlen,
doch wenn er stärker ist als ich –
verhaut er mich !

Wenn einer Dir auf's Auge haut,
und dieses dann ganz schnell erblaut,
dann ist der Abend Dir versaut
mit Deiner schönen neuen Braut.

Beim Temporausch – so um zweihundert -
sich nachher keiner richtig wundert,
daß Du jetzt auf dem Friedhof liegst
und selten nur Besucher kriegst.

Wenn Deine Arbeit Du verloren,
fühle Dich wie neu geboren,
and're schuften jetzt für Dich,
Klasse Sache – unter'm Strich.

Wenn einer denkt, er hätte recht,
kennt er uns're Richter schlecht,
lernt, was Rechtsverdreher sind,
und daß Justizia garnicht blind.

Dreiste Lügen und betrügen,
bis daß sich die Balken biegen,
ist der Schlüssel zu der Ehre
einer Politik-Karriere.

Die nichts halten
von den Falten
und nicht älter werden wollen,
sich halt jung erschießen sollen.

Wer glaubt, er sei was Besseres,
dem rate ich: "Vergeß' er es!"
Wem so was durch den Kopf tut sprießen,
hat schon das Gegenteil bewiesen.

"Wenn zwei sich streiten, freut sich der Dritte"
nicht, wenn dieser in der Mitte,
dann kriegt er es von beiden Seiten,
wer sich einmischt, der muß leiden.

„Märchen"

Die Gigos

Wir sind im dritten Jahrtausend nach Christi Geburt. Die Erde wird von den Gigos beherrscht, furchterregende Wesen, die durchschnittlich zehn Meter groß sind. Sie züchten Menschen in engen Käfigen, weil sie deren Haut zur Herstellung ihrer Kleidung verwenden. Um das wertvolle Produkt nicht zu beschädigen, werden die Menschen im Alter von etwa zwanzig Jahren, wenn die Haut die optimale Güte hat, mit Knüppeln erschlagen. Aus Rationalisierungsgründen verzichtet man manchmal auf diesen Arbeitsgang und zieht ihnen die Haut bei lebendigem Leibe ab.

Besonders starke Menschen werden zu Kampfmenschen ausgebildet und werden in einem vier mal vier Meter großem Ring aufeinander losgelassen. Diese Menschenkämpfe bereiten den Gigos großes Vergnügen, und sie schließen auch Wetten auf den Ausgang ab, der meistens mit dem Tod eines der Kämpfer endet. Oft müssen auch die Sieger erschlagen werden, weil sie so schwer verletzt sind, daß sie für weitere Einsätze unbrauchbar geworden sind.

Frei lebende Menschen werden im Frühjahr zu zig-tausenden in engmaschigen Netzen gefangen und ihnen die Zunge herausgerissen, weil Menschenzungen für die Gigos als Leckerbissen gelten.

Als ganz besondere Spezialität gilt Menschenleber. Die zur Produktion gehaltenen Menschen werden mehrmals täglich mittels eines Rohres, das ihnen durch den Mund bis in den Magen geschoben wird, mit Spezialnahrung gefüttert. Sie nennen dies Stopfen. Die Leber bekommt dadurch schnell genug die gewünschte Größe und Konsistenz.

In manchen Restaurants kann der Gast lebende Menschen ganz frisch aus dem Aquarium auswählen, die dann in der Küche in siedendes Wasser geworfen werden, wo sie in kurzer Zeit gar sind.

In chemischen Labors werden Versuchsmenschen gehalten, um neue Medikamente und Kosmetika auf ihre Verträglichkeit und Nebenwirkungen zu testen. Pro Jahr werden ungefähr drei Millionen Versuchsmenschen verbraucht.

Manche Menschen erfreuen sich als sogenannte Hausmenschen großer Beliebtheit. Ihnen geht es verhältnismäßig gut. Sie werden gestreichelt und gefüttert. Nur selten wird einer von bösen Gigo-Kindern gequält oder von neugierigen aufgeschnitten.

Internationale Menschenschutzbünde fordern schon lange artgerechte Haltung und Behandlung der Menschen, stoßen aber allerorten auf taube Ohren. So ist kein Ende des Leidens der Kreatur unter den Gigos abzusehen.

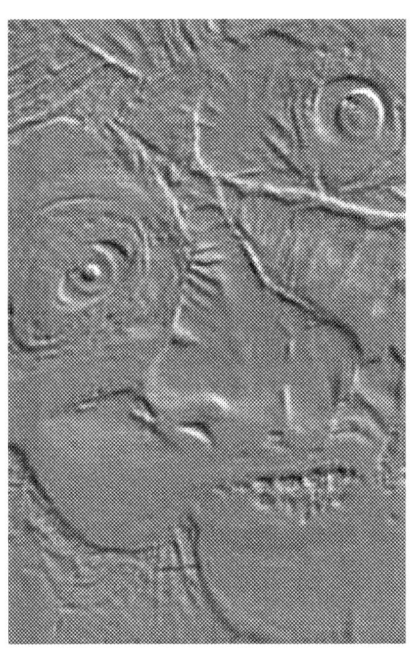

Oma Basulke

Es war einmal in einer großen Stadt, da lebte eine alte Frau. Sie war schon weit über die achtzig aber noch recht rüstig und, wie sie selbst scherzhaft von sich sagte, "fit wie ein Turnschuh". Den Spruch hatte sie von ihren Enkeln, und natürlich wusste sie, daß das doch etwas übertrieben war. Sie war eine nette Oma, und alle Leute nannten sie liebevoll "Oma Basulke".

Eines Tages musste sie zu einem Arzttermin an's andere Ende der Stadt. Sie war stolz darauf, solche Dinge allein zu erledigen, niemanden um Hilfe bitten zu müssen. Wie sie immer sagte, "wolle sie niemandem zur Last fallen". So machte sie sich auf den Weg zur U-Bahn-Station und stieg in den schon bald eintreffenden Zug ein. Den vorletzten freien Sitzplatz ergatterte ein ziemlich ungepflegter junger Mann, den letzten dessen Füße mit total verdreckten Schuhen. Als er Oma Basulke sah, sprang er aber sofort wieder auf und bot ihr seinen Platz an. Er selbst setzte sich auf den verschmutzten Platz. Oma Basulke bedankte sich herzlich und freute sich, den weiten Weg sitzen zu können, denn stehend hätte das ihre alten Knochen und ihr nicht mehr ganz so tüchtiges Herz doch arg mitgenommen.

Soweit das Märchen. In der Realität war es leider doch etwas anders. Der ungepflegte junge Mann dachte garnicht daran, seine Füße vom Sitz zu nehmen, geschweige denn aufzustehen, von der Horde Schüler, die ebenfalls im Abteil saßen, konnte sich auch keiner entschließen seinen Platz frei zu machen (schließlich sind sie es ja, die den nächsten Krieg gewinnen müssen), und andere Leute sahen geflissentlich aus dem Fenster. So stand Oma Basulke über eine halbe Stunde auf ihren schwachen Beinen, bis sie kurz vor ihrem Ziel zusammenbrach. Irgendjemand rief den Notarzt, aber der konnte ihr auch nicht mehr helfen.

Jetzt hat Oma Basulke einen ruhigen Liegeplatz auf dem Friedhof, ist auf keine Hilfe und auf keine Rücksichtnahme mehr angewiesen, und wenn der ungepflegte junge Mann nicht gestorben ist, dann lebt er noch heute, bequem und rücksichtslos.

Schnallt den Gürtel enger

Es war einmal, kurz vor der Jahrtausendwende, eine Regierung und ein Parlament, das wollte ihren garnicht so popeligen Regierungssitz in einen neuen, noch weniger popeligen verlegen. Es wurden Pläne geschmiedet und dabei an alles gedacht was gut und teuer ist. Selbst so Kleinigkeiten wie die privaten Umzugskosten (incl. Reitpferde und Yachten) und die Betreuung der Parlamentarierkinder am neuen Ort wurden penibel und großzügig geplant und eingerechnet. Die Kosten wuchsen in schwindelerregende Höhen.

Zur gleichen Zeit aber begab es sich, daß die Finanzlage im ganzen Land nicht mehr so rosig war. Allerorten wurden Arbeitsplätze eingespart, immer mehr Menschen hatte keinen Job mehr, die Steuereinnahmen waren rückläufig, und bis in die regionalen Verwaltungen herrschte Ebbe in den Kassen. Die Bürger wurden dazu ermahnt, ihren Gürtel enger zu schnallen und nicht zu murren, wenn die eine oder andere Steuer erhöht wird, oder die Kommunen sich immer neue Einnahmequellen erschufen, um mit dem neuen Geld die Kassen wieder einigermaßen zu füllen.

Trotzdem reichte es an allen Ecken und Enden nicht. Für die dringend benötigten Kindergartenplätze gab es ebensowenig Mittel wie für neue Lehrer (von denen fehlten tausende) oder die personelle und materielle Aufrüstung der Ordnungskräfte und, und und .... Für die Rentner, die ihr ganzes Arbeitsleben lang geschuftet und in die Rentenkasse gezahlt hatten, war plötzlich viel zu wenig Geld da, weil es für andere, wichtigere Dinge (zumindest wichtiger als die alten Leute) gebraucht wurde.

In dieser Situation beschlossen die Parlamentarier, ihren Umzug solange zu verschieben, bis auch dafür wieder genügend Mittel zur Verfügung stehen würden, verzichteten sogar (aus Solidarität mit dem gebeutelten Volk) auf die Erhöhung ihrer Diäten, und genossen die volle Sympathie ihrer Untertanen, die nun kollektiv diese allgemeinen materiellen Einschränkungen ohne Murren verkrafteten (wo doch bis dahin so viel von Politikverdrossenheit zu spüren war). Ein Volk bewies, daß es gemeinsam auch durch schlechtere Zeiten zu kommen versteht.

Leider aber ist dies nur ein Märchen. Die Volksvertreter verzichteten natürlich nicht auf die Erhöhung ihrer Diäten und schon gar nicht auf den extrem teuren Umzug in die neuen Domizile, die Kassen wurden ohne Rücksicht auf Verluste noch mehr geplündert, und wenn sie nicht gestorben sind, dann plündern sie noch heute.